Le mal n'est pas radical, ce qui est radical, c

veaux liens par-delà les conflits et la mort.

Un écrivain n'est pas un homme ou une femme à message car l'écriture ne cesse d'interroger les messages et de les refaire. Je pense que cette inquiétude, cette traversée des frontières qui est l'acte même d'écrire est la seule voie qui nous reste pour garder une certaine dignité dans une époque où beaucoup ont tendance à s'enfermer dans des identités, des croyances ou des certitudes idéologiques ou religieuses dangereuses. Écrivons, c'est-à-dire ouvrons des questions.

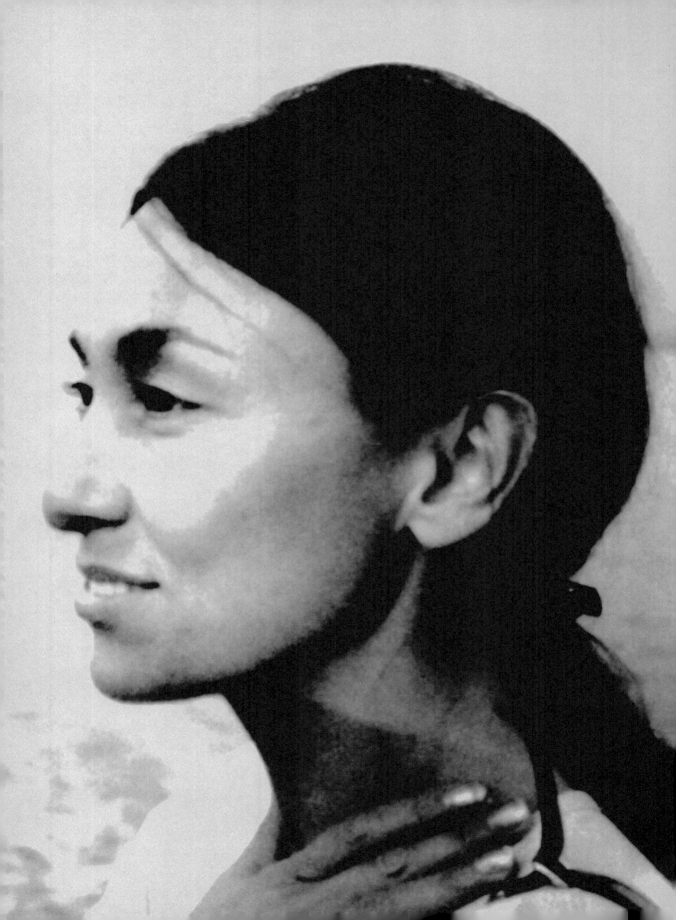

JULIA KRISTEVA

adpf association pour la diffusion de la pensée française●
Ministère des Affaires étrangères
Direction générale de la coopération internationale
et du développement
Direction de la coopération culturelle et du français
Division de l'écrit et des médiathèques
Cet ouvrage est aussi
disponible sur www.adpf.asso.fr
Isbn 2-914935-69-2
adpf association pour la diffusion de la pensée française●
6, rue Ferrus 75683 Paris cedex 14 + ecrire@adpf.asso.fr
© Mars 2006 **adpf** ministère des Affaires étrangères

Diffusion et distribution, La Documentation française
124, rue Henri-Barbusse 93308 Aubervilliers cedex
www.ladocumentationfrancaise.fr
Télécopie Paris: 01 40 15 67 83
Aubervilliers: 01 40 15 68 00
Lyon: 04 78 63 32 24

AUTEURS

Après Georges Bataille, Yves Bonnefoy, Georges Bernanos, André Breton, Hélène Cixous, Paul Claudel, Assia Djebar, Louis-René des Forêts, Édouard Glissant, Julien Gracq, Henri Michaux, Valère Novarina, Nathalie Sarraute, Jean-Paul Sartre ou Claude Simon, le ministère des Affaires étrangères et son opérateur pour l'écrit, l'Association pour la diffusion de la pensée française, présentent Julia Kristeva dont l'œuvre, au carrefour des langues, des cultures et des disciplines, réalise une traversée des frontières et se construit au plus près de la parole. Nous remercions Catherine Bouthors-Paillart d'avoir su présenter cette écrivain essentielle, à l'attention du réseau culturel français à l'étranger et de ses partenaires – éditeurs, traducteurs, chercheurs et lecteurs.

Yves Mabin

Chef de la Division de l'écrit et des médiathèques
Ministère des Affaires étrangères

Jean de Collongue

Directeur de l'association pour la diffusion
de la pensée française

1

« Un monstre de carrefour »

Comme ces caractères du *Temps retrouvé* où Proust voit s'incarner en eſpaces démesurés les longues années de leurs mémoires volontaires et involontaires, je suis un monstre de carrefour.[1]

«Aussi, si elle [la force] m'était laissée assez longtemps pour accomplir mon œuvre, ne manquerais-je pas d'abord d'y décrire les hommes, cela dût-il les faire ressembler à des êtres monstrueux, comme occupant une place si considérable, à côté de celle si restreinte qui leur est réservée dans l'eſpace, une place au contraire prolongée sans mesure puisqu'ils touchent simultanément, comme des géants plongés dans les années à des époques, vécues par eux si distantes, entre lesquelles tant de jours sont venus se placer – dans le Temps.»[2]

D éconcertant autoportrait de Julia Kristeva que cette formule sibylline aux accents antiques : «Je suis un monstre de carrefour»... Elle apparaît au détour d'un texte intitulé «L'amour de l'autre langue» dans lequel Kristeva évoque l'instabilité de sa position de migrante, en perpétuel transit entre deux pays, deux cultures, deux identités, deux langues... Bien curieusement, c'est aux «caractères» proustiens qu'elle s'identifie, reconnaissant une métaphore de sa propre expérience existentielle et intellectuelle dans l'image de ces titans en marche, périlleusement «juchés sur [les] vivantes échasses, grandissant sans cesse»[3] de leur mémoire incorporée et occupant dans le temps – et comme simultanément – une infinité de places. Subjectivités «monstrueuses» en effet que ces monumentales statues vives qui démesurément se déploient dans le temps, selon un double processus de continuelle métamorphose et d'effritement progressif, en une pluralité de fragments hétérogènes. En associant la figure du monstre à celle du carrefour – absente du texte proustien –, Kristeva renchérit sur la notion de croisement, tirant parti par surcroît de la polysémie de ce terme, par fidélité peut-être à l'acception de son patronyme, Kristev – qui signifie «de la croix» : si elle se reconnaît dans le «caractère» proustien en ce qu'il tire sa monstruosité de

14

son hybridité, croisé qu'il est de souvenirs et (symboliquement) de sangs multiples, en d'autres termes, dans le fait qu'il *est* un carrefour, un monstrueux carrefour – «je suis sans doute, affirme-t-elle, une personnalité intertextuelle»[4]–, Kristeva éprouve aussi le besoin de figurer, dans cet autoportrait, cette autre spécificité qui est sienne, à savoir sa mobilité : son inlassable avancée dans le dédale des croisements – d'un carrefour l'autre, cette fois.

Fidèle reflet de l'histoire européenne postérieure à la Seconde Guerre mondiale, le destin de Kristeva est cosmopolite et nomade : c'est en Bulgarie qu'elle voit le jour en 1941, au cœur de cet immense carrefour que sont les Balkans, et ses années d'enfance et de jeunesse se déroulent à la croisée d'horizons culturels, intellectuels et spirituels – mais aussi linguistiques – aussi disparates que le communisme dominant, la religion grecque orthodoxe, les littératures bulgare, russe, anglaise puis française, la philosophie allemande et celle des Lumières, et les arts. Grand amateur d'art et de littérature, son père a fait des études de médecine et de théologie. En raison de ses convictions religieuses, il a été empêché par le pouvoir communiste de s'engager dans une carrière médicale et travaille à l'administration du Saint-Synode orthodoxe. Il partage avec son épouse – qui a fait des études de sciences naturelles – un grand intérêt pour la culture et la langue françaises. Inscrite à l'école maternelle française de Sofia (tenue par des dominicaines) puis à l'Alliance française, Kristeva se familiarise très tôt avec la culture et la langue de l'Hexagone, et c'est une thèse sur le nouveau roman qu'elle envisage d'écrire quand, en 1965, elle réussit à obtenir une bourse d'études à l'étranger et débarque à Paris à la veille de Noël. Marquée par une connivence immédiate, sa rencontre avec Philippe Sollers la rapproche aussitôt de l'avant-garde intellectuelle et des courants

1   *L'Avenir d'une révolte*, Calman-Lévy, coll. «Petite bibliothèque des idées», Paris, 1998, p. 67.
2   Marcel Proust, dernière phrase d'*À la Recherche du temps perdu*.
3   Marcel Proust, avant-dernière phrase d'*À la Recherche du temps perdu*.
4   Ross Guberman (éd.), Julia *Kristeva Interviews*, Columbia University Press, New York, 1996, p. 203 (traduction de l'auteur).

novateurs de la critique littéraire au sein de l'Université française – dont elle restera toujours étrangement proche. « L'étrangère » : ainsi Roland Barthes la désignera-t-elle avec admiration moins de cinq ans après son arrivée à Paris, donnant ce titre à un article publié en 1970 dans *La Quinzaine littéraire* à l'occasion de la parution de son premier livre, *Sèméiotikè* :

> Lui devant déjà beaucoup (et dès le début), je viens d'éprouver une fois de plus, et cette fois-ci dans son ensemble, la force de ce travail. *Force* veut dire ici *déplacement*. Julia Kristeva change la place des choses : elle détruit toujours *le dernier préjugé*, celui dont on croyait pouvoir se rassurer et s'enorgueillir ; ce qu'elle déplace, c'est le *déjà-dit*, c'est-à-dire l'insistance du signifié, c'est-à-dire la bêtise ; ce qu'elle subvertit, c'est l'autorité, celle de la science monologique, de la filiation. [...]

> L'autre langue est celle que l'on parle d'un lieu politiquement et idéologiquement inhabitable : lieu de l'interstice, du bord, de l'écharpe, du boitement : lieu *cavalier* puisqu'il traverse, chevauche, panoramise et offense. Celle à qui nous devons un savoir nouveau, venu de l'Est et de l'Extrême-Orient, [...] nous apprend à travailler dans la différence, c'est-à-dire par-dessus les différences au nom de quoi on nous interdit de faire germer ensemble l'écriture et la science, l'Histoire et la forme, la science des signes et la destruction du signe : ce sont toutes ces belles antithèses, confortables, conformistes, obstinées et suffisantes, que le travail de Julia Kristeva prend en écharpe, balafrant notre jeune science sémiotique d'un trait *étranger* (ce qui est bien plus difficile qu'étrange), conformément à la première phrase de *Sèméiotikè* : « *Faire de la langue un travail, œuvrer dans la matérialité de ce qui, pour la société, est un moyen de contact et de compréhension, n'est-ce pas se faire, d'emblée, étranger à la langue ?* » [5]

Barthes souligne à quel point le nomadisme et la traversée des frontières sont chez Kristeva bien plus qu'un simple trait afférent aux aléas de son itinéraire d'exilée : ils constituent une véritable *démarche* (au sens aussi bien cinétique qu'intellectuel et sensible de ce terme) s'inscrivant, selon elle, dans un courant fondamental de la culture européenne, celui de ces intellectuels migrants

16

qui, de saint Augustin, dont la seule patrie est celle du voyage, à Freud, dont elle rappelle volontiers la formule : « Là où c'était je dois advenir », font de leur refus de toute forme de sclérose et d'ostracisme l'un des gages essentiels de l'authenticité de leur pensée pérégrine. Pensée en marche que celle de cette exilée, traversant les frontières des disciplines et des savoirs constitués, travaillant, dans et par cette dynamique sans cesse réimpulsée, à les déconstruire et à les déplacer pour initier d'autres cohérences, puis les dépasser encore... C'est ainsi à une véritable révolution épistémologique à laquelle Kristeva contribue, depuis près de quarante ans, dans l'Université française : celle de l'interdisciplinarité. Décloisonnant les *épistémès* et les chercheurs eux-mêmes, dans son enseignement aussi bien que dans son élaboration théorique, elle place les objets de son analyse au carrefour des savoirs, se déplaçant elle-même de l'un à l'autre pour en élaborer une interprétation tout à la fois plurielle et constamment décentrée. Pensée *en* mouvement et pensée *du* mouvement : les concepts élaborés par Kristeva aussi bien que les objets de son analyse – si divers soient-ils en apparence – ont en commun, en effet, d'être marqués du sceau de cette motilité *exorbitante* qui caractérise l'ensemble de son œuvre.

Aux yeux fascinés de Barthes, la puissance – mais aussi la violence subversive – de la démarche de Kristeva ont bien quelque chose de monstrueux : elle déboussole – et déboulonne – tout sur son passage, fait voler en éclats, bon gré mal gré, les certitudes et les savoirs acquis et jamais ne laisse derrière elle les lieux – les lieux communs – dans l'état où elle les a trouvés. Avec elle, après elle, le sens et la langue sont déconcertés et *décontenancés*. L'urgence est de les réinventer autrement, à l'épreuve même de la différence et de l'altérité bouleversantes qui les ont définitivement rendus

5   Roland Barthes, « L'étrangère » in *La Quinzaine littéraire*, Paris, n°94, mai 1970.
     Article repris dans *Le Bruissement de la langue*, Éditions du Seuil, Paris, 1984, p. 199-200.

étrangers à eux-mêmes aussi bien qu'à nous-mêmes. C'est pour-quoi ce souffle nouveau ouvrant à l'infini le questionnement des « systèmes de valeurs » ne relève pas du nihilisme mais bien plutôt de sa traversée et de son dépassement. Son être frontalier d'étran-gère et de traversière des frontières fait de Kristeva un passeur : elle est à la fois celle qui traverse et celle qui rend possible la traver-sée de l'autre. À l'image des célèbres passeurs des grandes civili-sations païennes de l'Antiquité qui accompagnent le trajet depuis la vie jusqu'au royaume de la mort, elle trace des chemins inédits vers le continent noir de l'impensé – de l'inconscient et de l'Autre ; elle est aussi de ces passeurs qui savent susciter, par sa perlabo-ration et sa transsubstantiation en un langage sensible, le dépas-sement de cette épreuve chaotique vers une possible renaissance.

Évoquant le parasitage fréquent de sa parole française par les soubresauts intempestifs de sa langue maternelle, Kristeva évo-que une « parole étrange, étrangère à elle-même »,[6] remontant depuis les nappes phréatiques de son inconscient à la surface de son dire. Parole énigmatique qui n'est pas sans faire écho à celle d'un autre « monstre de carrefour », dévastateur lui aussi (et même dévorateur), la Sphynge, cette puissance polymorphe com-binant la femme, l'oiseau et le lion, et qui se fait énigme vivante – au même titre que les dieux monstrueux de la mer, Protée, Thétis, Nérée ou encore Métis, dont la force primordiale trouve sa mani-festation visible dans leur aptitude à la transmutation. Comme celle de la Sphynge, la parole de Kristeva est multiple, mobile, chatoyante, hybride en cela même que son polymorphisme n'est réductible à aucune forme donnée et que, pourtant, elle montre (elle *monstre*) la voie inédite – qui est aussi bien voix inouïe venue d'ailleurs – d'une renaissance à inventer dans une unité recou-vrée. C'est dire la colossale force d'impact de cette parole autre et

18

de cette pensée en déplacement – et la prise de risque qui leur est inhérente ; dire également à quel point elles ont, pour Kristeva, l'importance et la gravité d'un véritable engagement.

[…] Ces hommes et femmes de frontières, ces inclassables, ces cosmopolites au nombre desquels je me compte, représentent d'une part la pulsation du monde moderne survivant à ses fameuses valeurs perdues, grâce à, ou malgré l'afflux de l'immigration et du métissage, et incarnent d'autre part et en conséquence cette nouvelle positivité qui s'annonce à l'encontre des conformismes nationaux et des nihilismes internationalistes. Plus précisément, si l'on tient compte de l'histoire telle que la racontent les journaux, il y a deux solutions pour faire face et peut-être même mettre fin à Sarajevo et à la Tchétchénie : d'un côté, faire fructifier les langues et les cultures nationales ; mais, de l'autre, favoriser ces espèces encore rares quoique en voie de prolifération, protéger ces monstres hybrides que nous sommes, écrivains migrants qui risquons ce que l'on sait entre deux chaises ; et ceci pourquoi, je vous le demande ? Eh bien, pour engendrer de nouveaux êtres de langage et de sang, enracinés dans aucun langage ni aucun sang, des diplomates du dictionnaire, des négociateurs génétiques, des juifs errants de l'Être et qui défient les citoyens authentiques donc militaires de tout genre, au profit d'une humanité nomade qui ne veut plus se tenir tranquille sur sa chaise.[7]

Pour Kristeva, pareille aptitude à la mobilité géographique et intellectuelle, pareille capacité d'exposition au péril de la perte de soi dans l'espace fluctuant de l'entre-deux, ne sont possibles que chez ceux qu'elle appelle les «cosmopolites de l'intérieur»,[8] dont les frontières psychiques sont elles-mêmes susceptibles de variabilité et de mouvance. «Je me voyage» : cette étonnante devise imaginée par Stéphanie Delacour, l'héroïne de *Meurtre à Byzance*, dit à quel point, pour Kristeva, le nomadisme est avant tout expérience intérieure, aventureuse errance dans la géographie étrangement exotique d'une intimité elle-même en transit, et aspiration vers une renaissance à chaque nouveau carrefour franchi…

6   *L'Avenir d'une révolte*, op. cit., p. 67.
7   *Ibid.*, p. 68.
8   *Étrangers à nous-mêmes*, Fayard, Paris, 1988, p. 167.

> Vous voyez [affirme-t-elle dans son discours de réception du prix Holberg le 3 décembre 2004] que la clé de mon nomadisme, de mon interrogation des savoirs consacrés, n'est autre que la psychanalyse entendue et pratiquée comme un voyage qui re-constitue l'identité psychique elle-même.[9]

Où l'on retrouve chez Kristeva la vocation (au double sens d'appel et de disposition) du passeur, en résonance bien sûr avec la *passe*, ce dispositif inédit mis au point par Lacan, permettant de recueillir le témoignage de personnes en fin d'analyse : par sa nature même de pérégrination dans les aléas de sa propre étrangeté aussi bien que de celle de l'autre, l'aventure psychanalytique n'a de cesse que de brouiller les identités reçues – les sentiers battus – pour rendre possible l'accès, dans l'élan même de cette *révolte* (du sanscrit *vel*, «retournement», «dévoilement»), à la re(con)naissance d'une identité, elle-même infiniment mobile – dont le caractère le plus paradoxalement constant et sûrement repérable est justement sa versatilité intrinsèque. Comme si toute psyché était elle-même un monstre de carrefour, et *a fortiori* celle du psychanalyste, à l'image du corps de Joëlle tel que ce personnage le décrit dans *Les Samouraïs* :

> [...] je vis [...] avec un corps multiple qui n'est pas vraiment le mien, mais qui survit et même se transforme au rythme des autres. Joëlle la tentaculaire, méduse protéiforme [...].[10]

On ne serait pas loin de pouvoir dire de la pensée de Kristeva ce qu'elle affirme elle-même au sujet d'un «caractère» majeur de *La Recherche*, Oriane de Guermantes :

> Monumentale, certes, au point de rivaliser avec les sculptures de ses ancêtres dans l'église de Saint-Hilaire, Oriane est surtout, et de par cette figuration verbale, «invisible», à force d'être changeante : vision ou fantasme, le kinétoscope fait femme.[11]

Comparaison certes à première vue excessive, mais pour autant parlante. Si l'œuvre de Kristeva est, à ce jour, déjà «monumentale» et «rivalise» avec les plus grandes œuvres de la pensée occidentale contemporaine, il semble paradoxalement que l'extraordinaire aptitude de sa pensée à la transmutation et au renouvellement tende à en effacer quelque peu le sujet (dans sa dimension classiquement statuaire) pour rendre plus visible son procès, c'est-à-dire le mouvement qui l'anime – un peu comme le kinétoscope donne à voir, non pas tant les individus photographiés que le miracle de leur mouvement.[12] La psychanalyste Julia Kristeva affirme souvent avoir pour principal point de mire – et ce quel que soit le champ de ses investigations – l'invisible. Plus encore, exprimant quelque réserve à laisser publier des photographies d'elle dans un recueil de ses textes majeurs, elle déclare aux lecteurs :

Si mon corps et mon eſprit présentent encore quelque intérêt, je pense qu'on les trouvera non dans ce qui saute aux yeux, mais dans une invisible intensité dont je cherche à appréhender la signification, et pas seulement l'apparence.[13]

Sans doute une telle optique incite-t-elle à reconnaître dans cette invisibilité, rendue possible à travers son œuvre par la motilité de sa pensée et sa propension à la transmutation, l'humanité de Kristeva.

Mais nul ne veut faire abstraction de «ce qui saute aux yeux» – et à l'oreille – lorsqu'on la rencontre : son corps, son visage, sa voix. Voix chaude, charnelle, vibrant d'une sensualité qui invite au partage, à l'empathie, fascinante par son extrême intensité et le sentiment qu'elle inſpire d'une rare justesse, musicale et intellectuelle. Juste cette voix, mais jamais monodique, toujours rendue étrangère à elle-même par un très léger accent, la résurgence – qui est aussi renaissance – dans son dire des inflexions les plus intimes de sa langue maternelle altérant cette langue de l'autre qu'est encore aujourd'hui pour elle le français. Cet accent, il sonne comme l'écho à peine perceptible d'une parole qui se ferait entendre non pas légèrement décalée dans le temps mais

9   Julia Kristeva Prix Holberg 2004, ouvrage collectif, Fayard, Paris, 2005, p. 157.
10   Les Samouraïs, Fayard, Paris, 1990, p. 172.
11   Le Temps sensible. Proust et l'expérience littéraire, Gallimard, coll. «Folio Essais» n°355, Paris, 2000, p. 239.
12   Guettant dans sa mémoire le surgissement inopiné d'images hétéroclites figurant plus ou moins nettement les multiples chambres à coucher de son existence, Proust décrit au tout début d'À la Recherche «ces évocations tournoyantes et confuses [qui] ne duraient jamais que quelques secondes; souvent ma brève incertitude du lieu où je me trouvais ne distinguait pas mieux les unes des autres les diverses suppositions dont elle était faite, que nous n'isolons, en voyant un cheval courir [étonnante insistance ici, après le texte de Barthes, de la figure équine], les positions successives que nous montre le kinétoscope». Marcel Proust, Du côté de chez Swann, Gallimard, coll. «Folio», Paris, 1998, p. 7.
13   Julia Kristeva Interviews, op. cit., cahier central (traduction de l'auteur).

dans une simultanéité aussi déconcertante que captivante par son effet singulièrement contrapuntique. Aussi semble-t-il détenir le pouvoir de déployer la voix de Kristeva – cette voix qu'il dédouble, qu'il redouble – dans l'espace illimité des résonances, phoniques et sémantiques, sensorielles et intellectuelles. Ce qui vient d'être dit de sa voix pourrait l'être de son corps et de son visage : d'une grande beauté l'un et l'autre, ils donnent l'impression paradoxale d'une immédiate proximité doublée d'une irréductible étrangeté. Leur sensualité toute féminine *touche* – et séduit – tandis que leur exotisme – le dessin oriental des yeux par exemple – rappelle par instants l'hiératisme des icônes byzantines. Tension indépassable que cette expérience offerte dans la rencontre, de la distance qui sépare dans la familiarité même du *contact*. Sans doute cette contradiction est-elle une autre expression, des plus prégnantes, de la profonde humanité de Kristeva, le signe en somme de ce qu'elle appelle sa «monstrueuse intimité»[14]...

On imagine à l'issue de ce préambule – inévitablement déjà lui-même ambulatoire – l'embarras du commentateur et l'inconfort de sa situation (de sa pérégrination), «entre deux chaises», elle aussi. Comment rendre compte de la monumentalité de l'édifice sans risquer de minimiser ses dimensions versatile et constamment mouvante? Comment au contraire mettre l'accent sur ces dernières sans risquer de perdre de vue la cohérence et l'unité de l'ensemble? La gageure est de donner à voir et à penser la spécificité propre à chacune des images du kinétoscope – et l'on sait à quel point spécifiques et variés sont tout à la fois les champs d'investigation disciplinaires et les positions épistémologiques et théoriques de Kristeva dans cet éventail si remarquablement ouvert – et l'unité profonde de son œuvre, qui n'est autre sans doute que sa puissance de déplacement, son mouvement même.

22

L'un des gages, sinon d'exactitude quant à la lettre, du moins de fidélité à l'esprit de ses textes, sera peut-être de conserver, malgré son incommodité notoire, une attitude de déambulation cavalière, entre deux selles.

Il n'est pas sans risque, on le pressent, de s'aventurer dans la pensée d'un tel « monstre de carrefour »... L'aventure est toutefois, si l'on en croit Kristeva, extrêmement prometteuse :

> [La lecture conçue comme un « voyage »] permet au lecteur de récupérer sa propre mémoire, son propre corps ; elle peut s'avérer une expérience réellement régénératrice. En ce sens, c'est une espèce d'antidépresseur, la dépression représentant un grand danger dans notre société de performance, d'anxiété, qui véhicule tant de figures du conformisme.[15]

14 L'Avenir d'une révolte, op. cit., p. 67.
15 Julia Kristeva Interviews, op. cit., p. 221 (traduction de l'auteur).

L'on pourrait soumettre mes écrits théoriques à ce paramètre migrant en recherchant les phases d'ouverture et de crise qui font de tout «système» un «système vivant». Quand je me suis intéressée au texte comme «structure» pour suggérer que nous y introduisions une «intertextualité» par notre lecture; quand j'ai proposé d'interpréter le «sens» comme un procès et une «signifiance» mise en jeu par les deux modalités du «sémiotique» (l'activité pulsionnelle liée au lien archaïque avec «l'objet maternel») et du «symbolique» (l'activité linguistique liée au stade œdipien, à la castration et la fonction paternelle) ; ou quand j'ai suggéré de cesser d'enfermer la littérature simplement dans le texte (bien que cette approche soit plus porteuse que les lectures psychologiques ou sociologiques, encore plus réductrices), discernant au contraire en elle une *expérience* qui mobilise les sensations proches de l'Être – je pense que je poursuivais le même projet inconscient: la contemplation de l'instabilité, du mouvement et de la re-naissance. La mélancolie et l'amour sont deux états paroxystiques de cette transitivité et j'ai écrit un livre sur l'un et l'autre de ces sujets. Être devenue psychanalyste n'est sans doute pas étranger à ce projet, quoique ce fût sous forme de gageure: bien que l'expérience des limites et celle de l'horreur soient constitutives de l'être parlant, la psychanalyse lui offre une possibilité de re-naissance.[16]

2

«Au plus près de la parole»[17]

16   *Julia Kristeva Interviews*, op. cit., p. 265-266 (traduction de l'auteur).
17   «Le langage de l'étranger», entretien avec Carine Trévisan in *Athanor*, Paris, 4/1993, p. 102.

L orsqu'elle arrive à Paris, en décembre 1965, avec l'intention d'y entreprendre une thèse sur le nouveau roman, Kristeva n'a que cinq dollars en poche, mais une connaissance déjà très approfondie de la littérature française, qui dépasse d'ailleurs largement le champ restreint des auteurs classiques officiellement enseignés à l'époque à l'université de Sofia : grâce à quelques amis vivant en Occident qui lui ont fait parvenir des livres d'auteurs français, elle a déjà pu lire les avant-gardistes de la fin du XIXe siècle, les surréalistes, Sartre et Camus, mais encore Céline, Blanchot et Bataille et les écrivains du nouveau roman. Elle a également étudié, quelques années auparavant, l'avant-garde futuriste et le formalisme russes et s'est particulièrement intéressée à la théorie sémiologique développée dès la fin des années 1910 par cette école d'analyse littéraire – mais aussi linguistique puisque, dès 1920, Jakobson transporte à Prague l'esprit des recherches formalistes et fonde, en 1926, le Cercle linguistique de Prague, dont émergera la linguistique structurale. La grande innovation des formalistes est d'avoir envisagé l'ensemble des pratiques humaines comme dérivées de la langue. Cette dernière étant le signe fondamental, toutes les autres manifestations humaines, la littérature notamment, doivent être considérées selon eux comme translinguistiques, donc analysables selon les mêmes modalités que les structures de la langue. C'est ainsi qu'ils privilégient l'étude de la construction de l'œuvre plutôt que celle de son contenu et de ses relations avec les autres œuvres, l'art et la littérature leur apparaissant comme des entités indépendantes de leur contexte historique et social, aussi bien que de la vie et de la sensibilité de leur créateur – comme d'ailleurs de celles de leurs destinataires. Dès le début des années 1960, alors encore étudiante à Sofia, Kristeva prend la mesure des insuffisances de cette théo-

26

rie en découvrant les postformalistes russes, et notamment l'un d'entre eux, Bakhtine. Tout récemment publié à Moscou, ce contemporain des formalistes fascine l'intelligentsia bulgare de l'époque par ses conceptions résolument novatrices. Il prend en effet très tôt conscience que si le texte peut effectivement être étudié comme un matériau et un système linguistiques, il faut toutefois adjoindre deux expansions majeures à la méthode formaliste, l'une envisageant l'écrit dans un contexte historique et littéraire qui le place nécessairement en situation de dialogue avec d'autres textes, l'autre prenant en compte le fait qu'il est produit par un sujet – qui est aussi un corps. Par le concept de «dialogisme», Bakhtine met en évidence les phénomènes de résurgence qui font de la culture le lieu de réapparition brutale de traditions oubliées et montre comment le roman possède structurellement une prédisposition à intégrer, sur un mode polyphonique, une grande diversité de composants linguistiques, stylistiques et culturels. Le langage du roman apparaît ainsi comme un système de langages qui s'éclairent mutuellement en dialoguant, et le texte comme une mosaïque de citations qui absorbe et transforme d'autres textes. Dans son étude sur le corps dans les œuvres de Rabelais et Dostoïevski,[18] Bakhtine analyse comment la polyphonie romanesque explore ces états limites dangereusement subversifs que sont la scatologie, la morbidité ou encore le rire, et comment le corps cataclysmique et protéiforme du carnaval s'est imposé comme fondateur du corps romanesque. Cette optique carnavalesque l'incite à placer le lien social et l'intersubjectivité au fondement même du langage et de la pensée, et ce faisant à se démarquer de la linguistique structurale et de la poétique formaliste – mais aussi de toute psychologie étroitement subjective. Une telle approche historiale de la littérature, situant le texte aux

18 Mikhaïl Bakhtine, *L'Œuvre de François Rabelais et la culture populaire au Moyen-Âge et sous la Renaissance*, Gallimard, coll. «Bibliothèque des idées», Paris, 1984, *Problèmes de la poétique de Dostoïevski*, L'Âge d'Homme, coll. «Slavica», Lausanne, 1970, *Esthétique et théorie du roman*, Gallimard, coll. «Bibliothèque des idées», Paris, 1978.

frontières du corps et de la pensée et le délivrant du carcan des genres littéraires et des codes sociaux, ne pouvait, on le devine, que séduire Kristeva.

On saisit dès lors pourquoi, alors que depuis la fin des années 1950 la référence au concept de structure, en partie inspirée par la méthode formaliste tout récemment importée d'URSS, s'impose en France dans le champ des sciences humaines, la jeune étudiante qui débarque en 1965 de Sofia, peu de jours avant Noël, est assez réservée, voire critique à l'égard du structuralisme. Pourquoi aussi, à peine arrivée à Paris, elle se trouve immédiatement en phase avec le groupe Tel Quel (Philippe Sollers, Marcelin Pleynet en particulier) et sa manière déjà post-structuraliste de concevoir la littérature – elle consacre d'ailleurs ses premières analyses littéraires en langue française à deux textes de Sollers, Loi[19] et H.[20] La révolution formelle opérée par les avant-gardistes sur la structure de la langue est, selon les écrivains de Tel Quel, intrinsèquement engagée : la langue ayant ses racines dans toute la gamme de la subjectivité, depuis la sexualité jusqu'aux positions religieuses, morales, politiques et sociales, la modification suscitée par l'écriture dans le tissu linguistique altère en profondeur les mentalités et les comportements, aussi bien des auteurs eux-mêmes que de leurs lecteurs. Cette conception de la littérature s'inscrit dans la lignée de Mallarmé, Rimbaud, Lautréamont et des surréalistes. Pour Kristeva, elle entre également en résonance avec les travaux des futuristes russes (Maïakovski, Khlebnikov en particulier), mais aussi avec ceux de Bakhtine, alors totalement inconnus en France – Barthes demande d'ailleurs très vite à Kristeva de donner sa première conférence sur Bakhtine à l'École pratique des hautes études. Venant d'un pays de l'Est étouffé par un régime communiste encore très marqué par le stalinisme, Kristeva

28

partage également l'intérêt de Tel Quel pour le matérialisme historique d'inspiration marxiste (mais aussi engelienne, léniniste et maoïste) et sa conviction – que le groupe reconnaîtra quelque temps plus tard comme illusoire – selon laquelle révolution dans le langage et révolution dans l'action vont nécessairement de pair.

Deux rencontres décisives vont par ailleurs orienter l'intérêt de plus en plus marqué de Kristeva pour le *sujet en procès* – aussi bien dans ses travaux de l'époque que dans l'ensemble de son œuvre à venir : celles de Benveniste et de Lacan.

Benveniste enthousiasme Kristeva par sa curiosité – unique chez les linguistes à l'époque – pour la philosophie et la psychanalyse freudienne et la manière originale dont il introduit la notion de sujet en linguistique : le sujet advenant dans la possibilité même de s'énoncer à la première personne («C'est dans et par le langage que l'homme se constitue comme sujet»[21]), la subjectivité serait selon lui une structure exclusivement dépendante du langage. Kristeva se démarquera toutefois nettement de la linguistique du discours, en plein essor dans les années 1960-1970, et ce pour deux raisons majeures : la notion de sujet y demeure non interrogeable – et non interrogée – et la part capitale de l'inconscient dans la production du sens y est négligée.

Les chemins de Kristeva croisent en effet à cette époque la psychanalyse. Confluence capitale – la théorie de l'inconscient et sa logique spécifique l'amèneront en effet à renouveler fondamentalement les théories du langage –, et relativement tardive : sa culture de l'Est étant largement imprégnée de philosophie allemande (Kant, Hegel, Marx, Nietzsche) mais totalement lacunaire en matière de psychanalyse, c'est dans le sillage des écrivains de Tel Quel, et tout particulièrement dans celui de Sollers, que Kristeva découvre l'œuvre de Freud : la revue s'intéresse alors tout

19 *Sémèiôtikè*, Éditions du Seuil, coll. «Tel quel», Paris, 1969, p.278-371.
20 *Polylogue*, Éditions du Seuil, coll. «Tel quel», Paris, 1977, p.173-222.
21 Émile Benveniste, *Problèmes de linguistique générale I*, Gallimard, coll. «Tel», Paris, 1966, p.259.

particulièrement à l'inconscient dans sa dimension pulsionnelle et à la transmutation littéraire de l'expérience sexuelle dans les textes de Sade, ceux des surréalistes ou encore de Joyce, Artaud et Bataille. Elle devient très vite une auditrice assidue du séminaire de Lacan, avec qui elle noue une respectueuse amitié. C'est à cette même époque qu'elle commence à étudier les expériences limites du langage et les états limites de l'imaginaire : elle interroge d'une part l'hermétisme des poètes avant-gardistes de la fin du XIXe siècle – Lautréamont et Mallarmé notamment – et, d'autre part, explore, dans sa réflexion naissante sur le féminin et la maternité, ce qui à travers le langage relève du corps, en d'autres termes de l'archaïque : ce *toujours-déjà-présent* dans l'expérience de la pensée, qui ne relève pas de la langue mais de logiques translinguistiques, voire prépsychiques, en lien direct avec la biologie.

Aussi est-ce avec l'intention épistémologique de mieux comprendre ces états *borderline* du langage et de la fonction subjective – l'expérience littéraire, bien sûr, mais aussi l'acquisition du langage par l'enfant (état limite où le langage n'existe pas encore) et la psychose (où ce dernier a cessé d'exister) – que Kristeva entreprend une psychanalyse en langue française avec une analyste d'origine allemande, Ilse Barande. D'autres raisons, beaucoup plus personnelles, ont bien sûr motivé cette décision. Parmi elles, le désir d'explorer sa condition singulière d'exilée arrachée à sa langue maternelle, ne se reconnaissant nulle origine et ne se sentant nulle part chez elle, avec l'intuition – confirmée par la cure – que, loin d'être un simple aléa biographique, elle constitue un trait essentiel non seulement de sa propre maturation psychologique, mais aussi de toute subjectivité assumant sa liberté : la vérité de chacun ne réside pas dans son appartenance à une origine – même si celle-ci existe et s'il faut la reconnaître –, mais au contraire dans sa capacité à s'exiler, à prendre ses distances vis-à-vis de l'origine. En engageant l'anamnèse de sa psyché dans une langue étrangère – étrangère à ses affects les plus archaïques –, Kristeva se heurte à l'imparable obstacle de la non-congruence de la langue française avec ses ressentis les plus intimes. Impliquée en quelque sorte corps et âme dans cette épreuve de l'hétérogénéité de sa parole, elle conçoit alors une approche nouvelle de la traduction. Celle-ci n'est pas seulement le lot de l'étranger, elle est aussi celui de l'écrivain, celui de l'analysant et de l'analyste, et plus largement encore celui de tout être parlant : traversée du deuil d'une impossible langue natale idéalement apte à signifier les éprouvés les plus obscurs vers une renaissance du sujet dans la langue, qui est toujours « l'autre langue ».

La « position psychanalytique » jouera, pour Kristeva, un rôle déterminant dans l'évolution de sa pensée à l'intersection des savoirs : elle deviendra l'élément majeur susceptible d'assurer une cohérence à sa tentative de restructuration, voire de synthèse – toujours provisoire – des discours séparés sans cesse désassemblés puis redistribués par sa pratique. Elle représentera en outre une sorte de rempart contre la tendance à l'abstraction qui marque la critique littéraire après la période structuraliste et infléchira de manière décisive son cheminement vers la création romanesque.

Structuralisme, matérialisme historique, psychanalyse : autant d'*épistémès* jusque-là restées quasi ignorantes les unes des autres et au carrefour desquelles Kristeva situe, dans les années 1960-1970, sa réflexion théorique sur le langage et l'écriture. Déplaçant les savoirs linguistique et sémiologique dans un nouvel eſpace de référence lui-même situé à la croisée du « matérialisme dialectique »²² et de la psychanalyse, Kristeva, loin de se contenter d'approfondir ou de prolonger une science ancienne, inaugure alors une *épistémè* nouvelle, la théorie du texte. *Sèméiotikè. Recherches pour une sémanalyse* (paru en 1969) pose les concepts fondamentaux de cette théorie, lesquels seront repris, précisés et complétés dans la première partie de *La Révolution du langage poétique* (1974) et mis à l'épreuve de l'analyse littéraire dans la seconde partie de ce livre, consacrée aux écritures de Lautréamont et Mallarmé.

Largement partagée par Barthes, dont le travail théorique féconde la réflexion de Kristeva aussi bien qu'il se nourrit des avancées de cette dernière, la démarche transversale à l'origine de la théorie du texte vise, en résonance avec les travaux de Jacques Derrida, à déconstruire les savoirs établis pour en initier des approches toujours nouvelles. En postulant la mise en crise de toute énonciation et spécifiquement de toute forme de métalangage, la théorie du texte suscite une mutation capitale dans la sphère des sciences humaines, qui n'avaient jusqu'alors jamais suspecté leurs propres codes – dont elles usaient comme d'un simple instrument naturellement capable de transparence. *Chaque* texte est désormais conçu comme un fragment de langage luimême situé au carrefour d'une infinité d'autres langages dont nul ne saurait avoir la primauté sur un autre. L'élaboration du commentaire critique d'un texte suppose donc de son auteur, si rigoureux et si objectif se voulût-il, qu'il ait conscience de sa totale immersion dans la langue et de sa propre implication (*avec* son texte) dans ces champs d'interférences que sont énonciations et énoncés – le sujet de l'écriture n'ayant jamais affaire à des textes clos, hétérogènes à sa propre pratique.

On mesure le bouleversement provoqué par cette révolution copernicienne dans le domaine de l'analyse littéraire : en posant comme intrinsèquement ouvertes et plurielles œuvre et gnose, création et théorie, Kristeva invalide le présupposé structuraliste de l'autosuffisance des formes textuelles et tous les clivages et hiérarchies qui avaient jusqu'alors séparé les genres et les arts. Dans la mouvance des théories de la réception alors émergentes, elle contribue en outre à l'élaboration d'un nouvel objet épistémologique : la lecture. L'analyse textuelle étant à la fois lecture d'un texte antérieur et écriture d'un nouveau texte à la croisée d'autres énoncés, s'impose une équivalence (productive) entre écriture et lecture. Le lecteur – qu'il vise ou non l'écriture d'un texte critique – participe à la création textuelle en *re-suscitant* dans le procès de sa propre lecture ce corps à corps d'un sujet avec la langue qui est en quelque sorte la scène primitive du texte lu. La dimension érotique de cette expérience du texte – lectorale aussi bien que scripturaire – et son identification à la jouissance tiennent au fait qu'à travers elle le sujet explore, au risque de sa propre perte, la manière dont la langue le « travaille », mais aussi le défait.

S'inspirant du dialogisme bakhtinien, Kristeva ne conçoit l'analyse du texte qu'à la lumière de son intertexte. Le texte redistribue la langue, il est le champ même de cette redistribution. L'une des modalités de ce processus de déconstruction-reconstruction qui rend infiniment modulable la signification des énoncés est la dissémination et permutation en sa trame d'autres textes antérieurs ou contemporains : lambeaux de codes, fragments de langages sociaux, morceaux de formules anonymes, de modèles rythmiques, etc. L'analyse de son intertexte vise à dégager ce qu'à la suite des formalistes russes Kristeva appelle l'*idéologème* d'un texte, c'est-à-dire la fonction qui rattache une structure littéraire concrète à d'autres structures. Elle permet d'apprécier

22 Kristeva emprunte cette notion à la théorie marxiste en lui donnant toutefois un contenu nouveau, inspiré par sa refonte des théories du sens désormais en prise sur l'histoire des groupes sociaux et sur la singularité des corps désirants.

quelle lecture ce dernier propose de l'histoire et la manière dont il s'insère en elle – le contexte socio-historique étant lui-même envisagé, au même titre que l'œuvre, comme un carrefour textuel.

En tant que croisement de multiples énoncés où se rejoignent de surcroît auteur et lecteurs, le texte est une *productivité*: même écrit (fixé), il ne cesse de «travailler» la langue, démantelant les codes en usage et inaugurant une langue autre, stéréographique celle-ci, in(dé)finiment polysémique, ouverte à toutes les combinaisons et redistributions possibles de signifiants. Une distinction théorique s'impose dès lors entre la *signification*, qui relève de la fonction référentielle du langage, et la *signifiance*: celle-ci ramène au flux hétérogène de pulsions et de rapports transsubjectifs et transverbaux qui sous-tend la production du texte et *altère* le fonctionnement habituel de la communication verbale. La signifiance se produit indistinctement à tous les niveaux de l'œuvre et son *procès* se repère dans ce que Kristeva appelle, par opposition au *phéno-texte*, le *géno-texte*: tandis que le premier renvoie au «phénomène verbal tel qu'il se présente dans la structure de l'énoncé concret», le géno-texte est le «lieu de structuration du phéno-texte». Théâtre des opérations propres à la constitution du sujet de et dans l'énonciation, il constitue un domaine foncièrement hétérogène. C'est en effet sur un mode remarquablement polymorphe que les pulsions investissent les signes: dans les sons, qui ne sont plus tant des unités propres à déterminer le sens (phonèmes) que des énergies physiques; dans les monèmes, qui sont moins des unités sémantiques que des arbres d'associations, entraînés qu'ils sont par la connotation et la polysémie latente dans un processus de métonymie généralisée; dans les syntagmes, dont priment sur le sens les résonances intertextuelles; dans le discours, enfin, dont la «lisibilité» est ou doublée

34

ou débordée par une pluralité de logiques autres que la simple logique prédicative de l'*ego-cogito* cartésien.

Parmi ces logiques, celle, prépondérante, de l'inconscient, qui incite Kristeva à nommer sa théorie du texte «sémanalyse». Par ce mot-valise (ce *mot-carrefour*), elle signifie la distance radicale qu'elle choisit de prendre à l'égard de la sémiotique littéraire classique – qui dresse une typologie des énoncés et décrit leur fonctionnement structural sans pour autant se préoccuper du rapport entre le sujet, le signifiant et l'Autre : la sémanalyse s'attache à étudier comment le «travail du texte» s'apparente à celui de l'inconscient – décrit par la psychanalyse comme scène productrice de sens – et a ceci de particulièrement novateur qu'elle situe le signifiant à la croisée de la pulsion biologique et du signe linguistique. Ainsi Kristeva définit-elle le *symbolique* et le *sémiotique* comme les deux modalités dialectiques (donc inséparables) de toute énonciation – ce «double registre du sens» fondant l'hétérogénéité non seulement du signifiant mais du texte.

> Toute énonciation exige une identification, c'est-à-dire une séparation du sujet de et dans son image, en même temps que de et dans ses objets ; elle exige au préalable leur position dans un espace devenu désormais symbolique, du fait qu'il relie les deux positions ainsi séparées pour les enregistrer ou les redistribuer dans une combinatoire de positions désormais ouvertes.[23]

Si le symbolique désigne le langage de la conscience (avec sa temporalité linéaire et ses catégorisations définies par la tradition linguistique), le sémiotique renvoie à celui de l'inconscient. Kristeva l'assimile au frayage et à la disposition structurante de pulsions repérés par la théorie freudienne, mais aussi aux processus dits primaires qui déplacent et condensent des énergies – de nature à la fois physiologique et mentale. Charges énergétiques en même temps que marques psychiques, les pulsions articulent une *chora*,

23   *La Révolution du langage poétique*, Éditions du Seuil, coll. «Tel quel», Paris, 1974, p.41-42.

« une totalité non expressive constituée par ces pulsions et leurs *stases* en une motilité aussi mouvementée que réglementée ».[24] La *chora* se rattache aux opérations concrètes qui précèdent l'apprentissage du langage et organisent l'espace sémiotique préverbal – ou plutôt transverbal puisque l'enfant est toujours dans un environnement linguistique – selon des catégories logiques qui sont antérieures et hétérogènes à la thèse (ou position) symbolique. S'ils sont décelables avant le stade du miroir et constituent la condition même du symbolique, les processus sémiotiques identifiables dans les pratiques signifiantes – dans le discours psychotique aussi bien que dans les pratiques artistiques – sont, eux, postérieurs à la coupure symbolique et manifestent leur altérité radicale au regard des usages linguistiques : altérité qui s'impose à la fois comme un autre texte et comme l'autre du texte – à savoir la pulsion et le corps sensible.

24   *La Révolution du langage poétique, op. cit.*, p. 23.

Bien que vos intérêts semblent aujourd'hui plus fermement liés à la psychanalyse qu'à la sémiotique, considérez-vous toujours vos travaux — théoriques et romanesques — comme découlant de ce projet originel ? Êtes-vous toujours en sémanalyse ?

Oui, je le crois. Il se peut que je sois moins systématique maintenant quand j'utilise ces termes, sans doute en raison des années qui se sont écoulées. Pourtant je les utilise effectivement dans mon enseignement, quand les étudiants m'interrogent sur le sémiotique et le symbolique, mon approche de Mallarmé et d'autres écrivains. Il se peut que cela me concerne moins, mais je continue ce travail patient et pédagogique. Je suis convaincue qu'il y a une très nette continuité entre mes intérêts actuels et mes travaux antérieurs. Si vous prenez mes livres sur l'horreur, la mélancolie ou les étrangers, par exemple, vous y trouverez les thèmes liés à l'archaïsme et aux étapes traumatiques de la vie inconsciente qui se trouvaient déjà dans la notion de «sémiotique» et que j'ai abordés à travers Mallarmé et Lautréamont, sous un angle qui était sans doute plus philosophique et rhétorique que psychanalytique, mais qui recoupait néanmoins ces mêmes thèmes. J'ai même parfois l'impression de revenir aux mêmes sujets, de mon propre chef, comme cette «révolution» dont nous venons de parler, mais en les modifiant toujours et en trouvant d'autres angles d'approche. Si l'on considère mon œuvre de fiction, mon écriture romanesque, on peut imaginer qu'il s'agit de tout autre chose mais, pour moi, il y a des liens, des passerelles. Les mêmes sujets m'intéressent — l'étrangeté, la violence, la mort — mais je ne les traite plus sous l'angle métalinguistique. J'ambitionne maintenant de projeter un regard de l'intérieur.[25]

3

« La psychanalyse est un humanisme »[26]

25 Julia Kristeva Interviews, op. cit., p. 221-222 (traduction de l'auteur).
26 L'Amour de soi et ses avatars. Démesure et limites de la sublimation, Éditions Pleins Feux, coll. « Auteurs en question », Nantes, 2005, p. 42.

Ceux qui s'exposent à l'expérience littéraire et psychanalytique, ou sont simplement attentifs à ses enjeux [...] savent que l'opposition raison/foi ou norme/liberté n'est plus soutenable si l'*être parlant* que *je* suis ne se pense plus comme dépendant d'un monde supra-sensible et moins encore d'un monde sensible «à pouvoir d'obligation». Ils savent aussi que ce *je* qui parle se dévoile à lui-même en tant qu'il est construit dans un lien vulnérable avec un objet étrange, ou un *autre* ek-statique, un ab-jet: c'est *la chose sexuelle* (d'autres diront: l'objet de la pulsion sexuelle dont «l'onde porteuse» est la pulsion de mort). Ce lien vulnérable à la chose sexuelle et *en* elle – sur lequel s'étaye le lien social ou sacré – n'est autre que le lien hétérogène – *biologie-et-sens* –, dont dépendent nos langages et nos discours qui s'en trouvent modifiés et qui, à rebours, modifient le lien sexuel lui-même.

Dans cette appréhension de l'aventure humaine ouverte par la littérature et la psychanalyse, la littérature et l'art ne constituent pas un décor esthétique, pas plus que la philosophie ou la psychanalyse ne prétendent apporter le salut. Mais chacune de ces expériences, dans leurs diversités, se proposent comme le laboratoire de nouvelles formes d'humanisme. Comprendre et accompagner le sujet parlant dans son lien à la chose sexuelle nous donne une chance de faire face aux nouvelles barbaries de l'automatisation, sans le recours aux garde-fous que brandit le conservatisme infantilisant, et libérés de l'idéalisme à courte vue dont se berce le rationalisme banalisant et mortifère.

Pourtant, si l'aventure que j'esquisse, à l'écoute de la littérature et des sciences humaines du XXᵉ siècle, laisse présager une refonte et même une refondation de l'humanisme, les conséquences ne sauraient en être, pour paraphraser un mot de Sartre, que «cruelles et de longue haleine».

Cruelles, car elles nous dévoilent une humanité douée d'une liberté extravagante, a-morale, qui ne respecte que la singularité des êtres vulnérables que nous sommes, au carrefour de la biologie et du sens. Sinon, rarement, dans des réalisations exceptionnelles – celles des «grands» écrivains, des artistes, des philosophes, etc. – et qui nous appellent en permanence à mobiliser notre propre génie, lequel n'est autre que l'aptitude de chacun, fût-elle quelconque, à *se dépasser en pensant*. Il n'y a pas d'autre moyen d'échapper à la «banalisation du mal» qui guette le lien – amoureux, familial, religieux ou politique –, que de lui opposer la capacité de l'être parlant, reliée par la chose sexuelle à son destin biologique, à mettre en question toute identité propre – sexuelle, nationale, économique, culturelle, etc. –, autrement dit à élargir les pouvoirs de la pensée. C'est seulement dans cet horizon éthique et philosophique d'une refonte de la conception même du sujet, de l'humain, que peuvent être concrétisées ces expériences qui nous passionnent à l'université, bien nommée « Denis-Diderot » : je parle par exemple de la création de l'Institut de la pensée contemporaine, où cherche à s'opérer une refonte des disciplines par la rencontre biologie-droit-psychanalyse-sémiologie-théorie littéraire.

C'est dire qu'aucune autorité, « obligation » ou instance ne saurait durablement brimer cette « mise en question » que nous savons désormais inhérente au désir des hommes et des femmes, ainsi qu'à leur pensée, elle-même entendue comme sublimation de leurs désirs en créativité. Si tel est le cas, nous mesurons, avec la littérature et la pychanalyse, et leurs crises constitutives qui marquent la culture du xxᵉ siècle, les risques de pensée et de vie qu'encourt l'aventure humaine. Mais c'est aussi avec la littérature et la psychanalyse que notre entendement s'ouvre, avec l'amoralisme et, au-delà de lui, à ce que le risque du lien anthropologique (sexuel et linguistique) comporte également comme *limites* et *régulations* dans le partage entre singularités.

J'emploie ici le mot *partage* au sens fort de « partager » : prendre part à la particularité par-delà la séparation que nous imposent nos destins, participer sans oublier que chacun est « à part », pour reconnaître « sa » part impartageable, irréductible jusqu'à l'irrémédiable, et inassimilable dans aucune communauté salvatrice. Ce partage de l'impartageable dans un lien toujours à recommencer, l'écrivain et l'analyste en font l'expérience quotidienne ; elle les conduit à une étrangeté radicale faite de solitude et de sollicitude. Je ne se contente alors d'aucune *doxa* préexistante, mais se crée indéfiniment, infiniment, dans la succession des refondations et dans l'ajustement des désirs de rencontre.

Vous l'entendez, ce que je désigne comme un humanisme attentif à l'être parlant dans son lien insécable à la chose sexuelle nous conduit à une expérience de la liberté risquée qu'il nous revient d'affirmer. Il s'agit de la liberté en tant que singularité partageable.[27]

27   *Julia Kristeva Prix Holberg 2004, op. cit.,* p. 150-153.

C es mots ont été prononcés par Kristeva lors du colloque célébrant à Paris le prix Holberg qui lui a été décerné en décembre 2004 par l'État norvégien. Ils disent à quel point la psychanalyse est, pour elle, bien plus qu'une «discipline» ou un métier: le pivot – lui-même mobile puisqu'en constante (re)mise en question – non seulement de sa démarche intellectuelle à la croisée des disciplines, mais, plus largement, de sa pensée et de son action résolument humanistes – quel que soit le champ de leur expression.

Kristeva est depuis les années 1980 membre titulaire de la Société psychanalytique de Paris. Ce titre lui confère une responsabilité d'enseignement et de transmission, et très abondantes sont ses contributions à la recherche actuelle sur les concepts fondamentaux de la psychanalyse. Le propos n'est pas ici de détailler les arcanes de cette réflexion théorique particulièrement riche et complexe mais d'approcher plus spécifiquement la conception élaborée par Kristeva de l'appareil psychique et de la cure, et ce parce qu'au-delà de la seule sphère strictement psychanalytique, elle s'avère déterminante quant à sa manière d'appréhender l'humain, de même que des notions aussi essentielles que l'écriture, l'art, le féminin, le sacré, le politique...

Dans son expérience analytique aussi bien que dans la diversité des ramifications modernes de la théorie de l'inconscient, Kristeva privilégie une unité à ses yeux primordiale: l'inconscient se situe au carrefour de la pulsion et du sens, du somatique et du psychique; le corollaire non moins capital de cette proposition étant l'hétérogénéité du signifiant, à l'intersection lui-même du sémiotique et du symbolique – de la sexualité et de la pensée. On mesure avec quelle radicalité cette conception dualiste de l'inconscient et du langage qui tend à «immanentiser» l'aptitude humaine à la parole – cette «essence supérieure» considérée par la méta-

42

physique comme une transcendance – invalide du même coup la dichotomie artificiellement décrétée entre la pulsion et la langue.

À lui seul, un tel postulat induit la nécessité du décloisonnement et de la refonte de la psychanalyse et de la linguistique. Il place en outre la réflexion théorique de Kristeva à l'interface de celles de Freud et de Lacan, ainsi que de leurs avatars respectifs dans la psychanalyse contemporaine. Bien que Freud ait maintenu le principe du dualisme de la vie psychique, sa première doxa définit l'inconscient comme une pulsion pure – donc non dépendante de l'environnement linguistique primordial qui, selon Kristeva, module l'inconscient infantile dans le cadre familial et transgénérationnel. En posant le dualisme au principe de la psyché, Kristeva entend éviter une certaine déviation de la psychanalyse contemporaine héritière de cette doxa, celle qui tend à se rapprocher de la psychiatrie en propulsant l'espace psychique dans la sphère du biologique. À l'opposé, Kristeva se démarque de la conception lacanienne de l'inconscient «structuré comme un langage» : si elle reconnaît à cette proposition l'immense mérite d'ouvrir l'inconscient à la langue, elle lui impute le défaut de ne voir en lui qu'un produit du langage et de faire ainsi l'économie de la pulsion et de l'ensemble des signes émis par le corps.

S'intéressant tout particulièrement au narcissisme et aux liens précoces du sujet avec l'objet – dans sa réflexion comme dans sa pratique analytiques –, Kristeva situe l'aptitude au langage «à l'origine» de l'être humain : le langage est aussi bien dans la parole que dans le prélangage infantile, et même fœtal. En tant que «sublimation primaire», le prélangage est en effet la condition *sine qua non* des modalités à venir de la signifiance – qui s'élaboreront progressivement chez l'enfant, et se stratifieront en couches successives et interactives chez le sujet adulte. Il est aussi, par sa dimension sémiotique, la doublure indissociable du langage tel qu'il est appréhendé par la tradition linguistique qui isole le couple signifiant/signifié de la pulsion. Plus encore, en tant que processus identifiant *déjà* «la chose sexuelle» à «la chose linguistique», il rend ultérieurement possibles les expériences novatrices dans le domaine du langage telles qu'elles se manifestent par exemple dans l'art (la création littéraire en particulier) et la psychanalyse.

Le passage du pulsionnel au symbolique – conçu par Kristeva dans le sillage de Freud comme une aptitude spécifiquement humaine à la sublimation – s'impose donc comme un processus tout à la fois psychique et scripturaire. C'est la raison pour laquelle Kristeva associe constamment psychanalyse et littérature dans sa réflexion sur l'humain, insistant sur le fait que, au même titre que la cure, l'écriture est une *expérience* :

Ces dernières années, on a survalorisé surtout l'aspect technique, ou formel, de la littérature. Et l'on n'a pas eu tort. D'autres soulignent l'ancrage de la littérature dans la vie sociale, le fait qu'elle reflète les tensions économiques, la lutte des classes, etc. Tout cela n'est pas faux. Ce qui m'intéresse davantage en revanche, c'est de montrer l'aspect *expérience*, au sens philosophique et mystique du terme si l'on peut dire, c'est-à-dire l'apparition dans la langue de quelque chose de nouveau qui n'a pas été nommé jusque-là, qui s'enracine dans le senti, le passionnel et l'archaïque, ainsi que la possibilité de donner un sens à cette déchirure. Comme une extase douloureuse ou lumineuse, que je tends à cerner dans du nommable et du transmissible.[28]

À la croisée du sémiotique et du symbolique, l'expérience esthétique représente aux yeux de Kristeva une source inépuisable d'enrichissement, tant pour la théorie que pour la pratique analytiques ; aussi, s'adressant à ses collègues analystes, les incite-t-elle toujours à lire les textes littéraires. Lorsque Kristeva parle de psychanalyse, ses références sont d'ailleurs artistiques, et plus

Spécifiquement littéraires. Dans *Soleil noir* (1987), par exemple, livre qui traite de la dépression et de la mélancolie, elle consacre un long chapitre à l'étude du poème de Nerval *El Desdichado* – qui inspire d'ailleurs le titre de cet ouvrage –, un autre au tableau d'Holbein intitulé *Le Christ mort*, un autre encore à l'écriture de la souffrance et du pardon chez Dostoïevski, un autre enfin à celle de la douleur dans l'œuvre de Duras. *Les Nouvelles Maladies de l'âme* (1993) s'articule également en deux parties, la première réservée à la clinique, la seconde réunissant des textes consacrés aussi bien à la Bible qu'à Joyce ou à Madame de Staël ; même composition en diptyque pour *Pouvoirs de l'horreur. Essai sur l'abjection* (1980), la seconde partie étant consacrée à l'écriture de Céline. Expériences psychanalytique et littéraire se côtoyant et s'interférant, le texte littéraire est loin d'être un objet hétérogène auquel « appliquer » artificiellement des concepts psychanalytiques : lorsqu'elle explore l'écriture de Céline, d'Artaud, de Proust ou de Colette, c'est aussi une écoute d'analyste que Kristeva consacre à leurs œuvres, questionnant, bien au-delà, ou plus exactement en deçà, de leur signification attestée ce qu'elle appelle « le substrat insignifiant de la langue », ces latences infantiles, d'ordre sémiotique, qui se donnent à lire – et à interpréter – dans la langue littéraire.

Elle aussi au carrefour du biologique et du symbolique, la double expérience du transfert et du contre-transfert dans la cure analytique reproduit aux yeux de Kristeva le dualisme fondamental de l'inconscient. Dans la lignée de Melanie Klein et celle de ses héritiers, Winnicott en particulier, Kristeva décrit en effet l'écoute flottante de l'analyste comme étant d'abord un abandon au débordement pulsionnel et sensoriel lié à l'identification libidinale avec l'analysant : communication osmotique d'inconscient

28   *Au risque de la pensée*, France culture/L'Aube, coll. « Intervention », Paris/La Tour-d'Aigues, 2001, p. 64.

à inconscient, de prépsychique à prépsychique, d'ordre sémiotique et préverbal. Cette expérience fusionnelle doit toutefois mobiliser les capacités rhétoriques de l'analyste pour lui permettre d'en donner une formulation échangeable. Loin de s'en tenir à la stricte formalité du signifiant, l'écoute analytique se joue en effet au plus près du discours de l'analysant – discours verbal aussi bien que non verbal – et interprète ses désirs et ses affects, ses liens objectaux comme ses états pré-objectaux, dans le transfert aussi bien que dans le contre-transfert. Double mouvement donc, de fusion d'abord, puis de distance, le recul rendant possible la dissociation des représentations de choses et des représentations de mots : en nommant, l'analyste fixe les représentations de mots dans leur arbitraire autonomie symbolique, en tant que signes distincts des perceptions et sensations partagées avec l'analysant dans une identification – qui est aussi une «désidentification» – libidinale. Se démarquant de Lacan, Kristeva considère comme nécessaire cette verbalisation de l'interprétation : nommer avec justesse le mal-être familial et personnel doit permettre à l'analysant de se reconnaître dans ces traumas ainsi mis en mots et de s'en délivrer.

Le discours interprétatif s'avère d'autant plus nécessaire que Kristeva repère chez ses patients de «nouvelles maladies de l'âme» dont le dénominateur commun est leur extrême difficulté à représenter leur conflit, leur passion, leur drame, leur traumatisme.

[...] Un analyste qui ne découvre pas, dans chacun de ses patients, une *nouvelle maladie de l'âme*, ne l'entend pas dans sa véritable singularité. De même, en considérant que, par-delà les nosographies classiques et leur nécessaire refonte, les nouvelles maladies de l'âme sont des difficultés ou des incapacités de représentation psychique qui vont jusqu'à mettre à mort l'espace psychique, nous nous plaçons au cœur même du projet analytique. Renouveler la grammaire et la rhétorique, complexifier le style de celui ou de celle qui a demandé de nous parler, parce qu'ils n'en peuvent plus de ne pas dire et de ne pas être entendus, n'est-ce pas cette renaissance, cette nouvelle psyché que la psychanalyse se propose de découvrir?[29]

L'interprétation fait office de loi symbolique en ce sens qu'elle réorganise le chaos pulsionnel générateur d'angoisse et confère du sens au désir. Elle ouvre ainsi au patient la possibilité de devenir son propre narrateur et de renaître dans l'inauguration de liens nouveaux. La violence est toutefois inhérente à cette étape de la nomination de la pulsion et du désir. Kristeva compare l'analyste à un sculpteur qui «enlève» et taille dans la libido continue et analogique de ce pervers polymorphe qu'est l'analysant: en imposant son propre désir de nom, donc d'objet, l'analyste ne peut, dit-elle, que blesser. Mais c'est bien ce découpage d'un signe dans l'immédiateté libidinale partagée avec l'analysant qui permet à ce dernier de devenir réellement un autre et, ainsi, de se révéler en tant que sujet. Kristeva insiste sur la nécessité pour l'analyste d'avoir constamment à l'esprit le sadomasochisme à l'œuvre non seulement dans l'interprétation analytique mais aussi dans la performance esthétique du patient qui reçoit – ou rejette – l'interprétation de son analyste. Une telle reconnaissance doit, selon elle, favoriser ce que Freud considère comme le destin optimal de l'*infans* et de son polymorphisme pervers – et que l'ère post-moderne met en échec: le désir de savoir, qui maintient ouvert et vivant l'appareil psychique.

C'est donc au voisinage du polymorphisme et de la perversion, mais aussi de la sublimation que se ressourcent aussi bien la parole de l'analysant que l'écoute et l'interprétation analytiques. L'expérience analytique sollicite en effet la capacité créative, et du sujet qui par sa plongée dans les arcanes de sa mémoire infantile doit trouver les mots à même de signifier l'innomma-

29   *Les Nouvelles Maladies de l'âme*, Fayard, Paris, 1993, p. 19-20.

ble et l'inaccessible de la pulsion et de l'affect, et de l'analyste qui s'aventure au plus loin dans l'expérience du transfert et du contre-transfert pour recueillir l'originalité singulière de la parole de l'autre – aussi bien que de la sienne. On saisit pourquoi Kristeva conçoit la parole analytique comme une alchimie comparable à celle de la création littéraire. Avant toute compréhension ou intellectualisation, le simple fait de nommer l'affect pour le resti-tuer à l'autre-analyste est une médiation qui en atténue la charge érotique ou thanatique, et la rend communicable et vivable, par-fois même jubilatoire. Kristeva dit entendre sur le divan «des lambeaux de littérature, magnifiques ou quelconques»: «littéra-ture» qui n'est nullement étrangère, sinon à un souci, du moins à une jouissance esthétique, partagée avec l'analyste lui-même qui s'en fait le complice et même souvent l'instigateur – comme si la beauté était le sel nécessaire à la croissance psychique et à l'éclosion de la pensée. Comme la mère à son enfant, l'analyste retourne ces *essais* à leur envoyeur et les transforme ainsi en objets d'échange – au sens ludique de ce terme. Bien loin en effet de les envisager encore comme «idées» ou «concepts», l'interprétation privilégie la dimension sémiotique de ces vocables si imprégnés encore, voudrait-on dire, des pulsions et sensations qu'ils signi-fient. Incitant le patient à jouer lui-même avec eux, elle les consti-tue en signes-fétiches.

La double expérience du transfert et du contre-transfert tisse donc un lien éminemment paradoxal à l'intérieur duquel se réa-lise le désir dans sa liberté sadomasochiste telle qu'elle est révé-lée par la psychanalyse. Ce lien est concret, sensoriel, «mondain» au sens grec et arendtien du terme; conçu par Kristeva comme germe du politique, il permet à l'analysant de se reconnaître comme sujet au sein d'une pluralité humaine – concrètement celle de sa famille, mais aussi celle de son analyste et des autres analysants. Lien réel donc, et pourtant imaginaire puisqu'il sollicite la réactualisation de l'expérience passée par la médiation de la mémoire, et notamment de la mémoire traumatique. Lien symbolique enfin, puisque par le langage l'analysant élabore ses pulsions, les sublime en universalisant ses particularités et en les communiquant à ses semblables. Dans sa fonction d'autre, l'analyste est lui-même pour le patient à la fois un lieu réel, celui de son lien à la communauté des hommes, un lieu imaginaire vers lequel se focalisent ses désirs, et le lieu de l'interdit symbolique. Le travail psychique s'effectuant par l'un et l'autre, l'inverse est aussi vrai dans le contre-transfert.

Aux yeux de Kristeva, excepté la psychanalyse, aucune autre expérience moderne n'offre à l'homme la possibilité de faire l'épreuve de son autonomie et de sa liberté au sens où la conçoit Heidegger, c'est-à-dire comme révélation de soi dans la présence de l'autre à travers la parole donnée. La parole analytique s'assimile à un questionnement permanent, c'est-à-dire une mise en question radicale des identités et des valeurs qui aurait pour équivalent logique la castration – au sens où ce fantasme est la réalisation du manque, de l'incertitude et de la mise en abyme constitutifs du clivage psychique. Ce questionnement sans (ré)solution possible révèle à l'analysant son irréconciliable conflictualité et le déprend de toute volonté de maîtrise, de puissance, d'identité ou même d'unité. Parvenu au terme de son analyse – qui n'a rien, on l'aura compris, d'une fin définitive – il doit avoir acquis une souplesse psychique telle qu'il est alors capable de refranchir la barre du refoulement et de remobiliser la part restée non élaborée ou non sublimée de son désir ou de sa pulsion, susceptible donc de créativités nouvelles dans les expériences ultérieures de son existence de sujet ; apte en somme à ce que Kristeva nomme la *ré-volte* et que, s'inspirant du sens étymologique mais aussi proustien de ce terme, elle définit comme cet aller-retour du sens à la pulsion et de la pulsion au sens qui révèle la mémoire et permet le recommencement de la vie psychique par l'invention toujours recommencée de liens nouveaux.

Telle qu'elle est sollicitée dans l'expérience analytique, l'aptitude humaine à la *ré-volte* permanente confère à cette dernière une dimension politique implicitement évidente. Elle préfigure aussi la dignité d'un athéisme et d'un humanisme graves – tragiques peut-être, mais libérateurs. C'est en effet la voie d'une perpétuelle renaissance qu'ouvrent au sujet le travail de désaliénation lié à l'épuisement de la transcendance et la valorisation de la pluralité des liens avec la communauté humaine à l'œuvre dans la cure. En défaisant les faux-selfs élaborés comme autant de défenses contre l'intrusion du monde extérieur, l'expérience analytique réhabilite l'intériorité créative propre à chacun. Cette dernière reste toutefois toujours à réinventer, et c'est dans cette recréation constante, qui va de pair avec un travail d'intériorisation du dehors, que s'exerce et s'affirme la liberté du sujet : une liberté qui s'impose en définitive comme l'envers de celle conçue par Freud comme résistance aux deux tyrans que sont les désirs instinctuels et la réalité extérieure.

Nous nous retrouvons en somme à la fin d'une analyse terminée mais infinie, et parce que nous avons dévoilé la liberté à mort de nos désirs, non seulement comme mortels mais comme « naissanciels » – pour reprendre un mot d'Hannah Arendt dans *La Vie de l'esprit*.[30]

«Psychanalyse et liberté», inédit.

4

L'expérience littéraire ou «la vie dans l'ouvert»[31]

31   *Au risque de la pensée, op. cit.*, p. 63.

À partir de ce moment [celui où Kristeva décide d'entrer en psychanalyse et d'assumer la position d'analyste], ma relation au texte fut moins marquée par une maîtrise du texte que par une sorte de connivence *avec* le texte. Cette connivence représentait la première période de l'analyse : identification, empathie, et amour. Ces attitudes ont très nettement influencé mon style d'écriture, qui n'est pas à proprement parler « littéraire », mais s'affranchit bien davantage des contraintes liées aux concepts et aux modèles afin de pénétrer les arcanes de la souffrance et du plaisir éprouvés par les écrivains.[32]

O n mesure, à travers ces paroles confiées en 1987 à Serge Gavronsky, à quel point l'expérience analytique a suscité chez Kristeva une mutation capitale de son expérience critique – à moins qu'elle n'ait plutôt confirmé une évolution amorcée dès ses premiers textes théoriques. La sémanalyse envisage en effet déjà l'écriture comme une expérience de distorsion liée à une crise de la subjectivité dont les figures de rhétorique, les rythmes, les allitérations, en un mot le langage poétique, seraient les symptômes – symptômes d'autant plus amplifiés dans le registre de l'expression que le sujet en crise renonce à réfréner l'irruption pulsionnelle dans la configuration symbolique de l'écrit. Bien plus que de sa conception du texte et de l'écriture, c'est donc à une révolution de sa lecture critique que Kristeva donne d'assister dans les années 1980, de sa *posture* critique : elle abandonne l'attitude statique et surplombante de « maîtrise [théorique] du texte » pour adopter celle, dynamique et sensible, de l'intelligence empathique et de la « connivence avec le texte ».

Lecture qui s'articule à présent nettement en deux étapes qu'elle veut équivalentes à celles de l'écoute analytique : la première consiste, à partir de la seule matière des mots, non seulement à reconstituer mais à *éprouver* au présent l'expérience intérieure de l'écrivain à l'origine de l'écriture du texte. Il s'agit de ressentir – retrouver puis sentir à nouveau – dans sa psyché la

plus archaïque et dans son corps le processus crucial de la trans-
mutation de la pulsion en verbe et son inséparable corollaire : l'incessant aller-retour d'une subjectivité en crise entre le surgissement sémiotique et sa formulation en langue. Expérience chro-
nologiquement décalée mais expérience partagée, si possible
avec le même degré d'implication intime que dans le mouvement
jubilatoire d'abandon qui rend possible l'identification de l'analyste à l'analysant dans les premiers temps de la cure. Régressive,
cette expérience l'est à plus d'un titre puisque, en faisant l'anamnèse de l'aventure scripturaire – qui est elle-même pour l'écrivain
remontée en amont vers les prémices de sa relation aux signes et
à la langue –, le lecteur *re-suscite* ses propres latences infantiles
(et particulièrement ses premiers essais de verbalisation symbolique). Un tel repli involutif n'a de raison d'être que son dépassement dans et par la dynamique projective de la création – qui
est renaissance. Au même titre que l'écriture, la lecture induit ce
« pari du recommencement » qu'évoque Kristeva au sujet de l'expérience analytique : devenu par identification « sujet en procès »,
le lecteur fait lui-même, fait *en* lui-même, cette « expérience réellement revitalisante » qui, de l'abolition du sens et de toute forme
d'identité et d'unité (sorte de passage à vide qui est sans doute
la condition du plaisir esthétique), aboutit, non sans intermittences, à une (re)création – aussi bien poétique et interprétative
que subjective. Car loin d'être de ceux qui prônent une écriture
analytique mimétique à ce point en phase avec le texte littéraire
qu'ils revendiquent la dimension esthétique de leur propre commentaire – qui n'est souvent que la reproduction maladroite de
styles déjà existants – et sans pour autant négliger la dimension
créative du commentaire, Kristeva souligne la nécessaire dis-
tanciation inhérente à l'analyse textuelle – et à la description du

32   *Julia Kristeva Interviews*, *op. cit.*, p. 206-207 (traduction de l'auteur).

processus identificatoire dont elle procède. *Entre* identification symbiotique et recul exégétique se joue ainsi la lecture, la capacité revitalisante de cette dernière tenant, semble-t-il, bien moins à la possibilité de donner sens au texte lu (de faire sens) qu'à celle de refaire le trajet aller-retour de la pulsion au sens (*via* l'avènement du signe) et du sens à la pulsion : courir le risque en somme de tenir le cap dans l'intenable position « entre deux selles » qui est celle tout à la fois de l'écrivain, du lecteur, et plus largement de tout être humain dans le langage.

Kristeva a commenté l'œuvre d'un très grand nombre d'écrivains : parmi eux, Lautréamont, Mallarmé,[33] déjà cités, mais aussi Artaud,[34] Kafka, Shakespeare, Baudelaire, Stendhal, Bataille,[35] Nerval, Duras,[36] Barthes, Sartre, Aragon,[37] Colette[38]... Un choix s'impose, tant il s'avère impossible de présenter ici la teneur de chacune de ces lectures. Il se portera donc sur deux d'entre elles, particulièrement emblématiques de la crête sur laquelle louvoie la démarche critique de Kristeva à partir des années 1980, entre communion empathique et distance analytique.

La première est celle consacrée à l'œuvre de Céline, *Pouvoirs de l'horreur. Essai sur l'abjection* (1980). Cette analyse de l'écriture célinienne s'inscrit dans un projet plus large qui vise à circonscrire la notion d'abjection. L'ouvrage commence donc par une description phénoménologique de l'abjection, suivie de sa conceptualisation psychanalytique. Kristeva tente d'expliquer la logique de la phobie et des « états limites » (*borderline*) proches de la psychose en remontant à des situations pré-œdipiennes où le corps de l'enfant n'est pas encore autonome par rapport à sa mère et au désir de celle-ci. Avant d'arriver à la séparation du sujet et de l'objet – qui donnera lieu à la faculté de nommer –, l'enfant est dans une attitude trouble et ambivalente de répulsion et de fascination pour le corps maternel, qui n'est pas encore un *autre* ou un *objet*, mais un *abject* ou, comme Kristeva l'écrit, un *ab-jet*. Son analyse du polythéisme, de l'Ancien Testament et du christianisme l'amène ensuite à ce constat : depuis les différents rites de purification jusqu'aux interdits alimentaires et moraux fondateurs de toute société, les religions et les expériences culturelles sont des *catharsis*. Elles instituent des rites qui visent à purger l'homme de sa part immonde et lui permettent de conjurer l'angoisse originelle de l'incertitude quant à l'identité du *même* et de l'*autre*.

Face à la défaillance des religions, qui n'assurent plus aujourd'hui leur fonction de régulation des états de fragilité et de crise subjective liés à l'abjection, Kristeva se demande alors comment il est aujourd'hui possible de symboliser ces états limites. Outre la psychanalyse, l'art, en particulier la littérature moderne, lui apparaît comme un moyen de parler *à* et *de* ces états limites – c'est-à-dire de les dépasser. Elle choisit ainsi les textes de Céline pour explorer comment, chez cet écrivain, l'incertitude imaginaire remontant à l'indistinction du moi et de la figure maternelle se trouve projetée sur d'autres objets du monde afférents à l'enfance, la mort, l'érotisme aussi bien qu'à des personnages de l'histoire politique. L'ambivalence prédomine, tant dans la représentation du corps souffrant, toujours prêt à basculer dans la pourriture, que dans celle de la femme, tantôt idéale, tantôt horriblement déchue. Céline cristallise par ailleurs son obsession de l'abject sur une figure clé de l'histoire contemporaine, le juif, en le dépeignant comme une identité limite, un autre qui pourrait être le même, une sorte de frère à la fois ennemi et enviable – avec tous les soubassements homosexuels inconscients qui, selon Kristeva, peuvent se greffer sur ce caractère incertain. Ainsi

33   *La Révolution du langage poétique, op. cit.*
34   *Polylogue, op. cit.*, p. 55-106.
35   *Histoires d'amour.*
36   *Soleil noir.*
37   *Sens et non-sens de la révolte et La Révolte intime.*
38   *Le Génie féminin tome III : Colette.*

s'éclaire la manière très complexe dont l'antisémitisme se fixe chez Céline au croisement d'une causalité personnelle – qui travaille l'inconscient de très nombreux individus et relève de cette instabilité du même et de l'autre, toujours à la recherche d'un objet fascinant à abattre – et de l'histoire du christianisme et de la société européenne, qui a fait du juif le bouc émissaire de cette fantasmatique. Obsédé par l'impur, Céline veut imiter la logique séparatrice du texte biblique. Toutefois, loin de prendre la voie purificatrice suivie par les religions, il s'acharne – tout en conservant le tranchant biblique – à poursuivre des abjections imaginaires qu'il transforme en réalités politiques : délaissant l'élaboration romanesque de l'abject pour lui substituer l'idéologie la plus malsaine du bouc émissaire, Céline fait ainsi littéralement exploser le refoulé dans une sorte de passage à l'acte qui met en échec le processus de la *catharsis* et de la sublimation.

En reconstituant ainsi la genèse d'une personnalité et celle d'une écriture, et sans pour autant, bien sûr, justifier ses positions extrémistes, Kristeva dégage une cohérence dans l'attitude de Céline. Celle-ci relève de l'anarchie et de la volonté de s'exclure pour ne plus supporter le poids des codes, qu'ils soient d'ordre social, linguistique ou moral : cohérence repérable aussi bien dans ses thèmes et ses positions politiques provocantes que dans son style. Céline, qui dit vouloir écrire l'opéra du déluge, un opéra apocalyptique, s'impose comme un grand styliste des états limites. Le moyen en effet de ne pas mourir, maître ou victime, de l'abjection et de l'innommable est, pour lui, de les signifier dans une langue réinventée, affichant sans ambages sa cinglante marginalité : une langue à la fois gouailleuse et chantée, porteuse d'une extraordinaire émotion, mêlant étrangement argot et expérimentation stylistique – à travers, notamment, des métaphores inouïes jusqu'alors.

58

La seconde lecture est *Le Temps sensible. Proust et l'expérience littéraire* (1994). On est frappé, dès la première partie de ce volumineux ouvrage, par le souci affiché de rendre la plus accessible et concrète possible l'entrée du lecteur dans l'impressionnante «cathédrale» proustienne – un lecteur qui n'est visiblement pas supposé être un spécialiste et que Kristeva entend accompagner dans sa pérégrination, qu'elle souhaite la plus immédiate et sensible, au sein de l'imposant édifice. Kristeva installe ainsi d'emblée une proximité, voire une complicité – sensible elle aussi– avec le lecteur, n'hésitant pas à lui faire partager, tout au long de ce livre d'une remarquable teneur intellectuelle et critique, ses réactions personnelles, parfois très intimes, à la lecture du texte de Proust. Complicité qui trouve d'ailleurs comme son accomplissement dans le dernier chapitre de cet essai, intitulé «Longtemps le temps». Kristeva s'y dépeint en vacances à l'île de Ré et, pour finir, confie au lecteur ses sensations de femme face aux traces de l'écoulement du temps sur son corps, son rêve mortifère de la nuit précédente ou encore son amour inconditionnel pour son fils : ce qu'elle appelle son quotidien, avec son lot de «broutilles», «le terne visage du banal».

> Lorsque j'ai fini mon livre sur Proust, au moment de conclure dans «Longtemps, le temps»,
>
> il m'est apparu évident que mon cheminement dans la *Recherche* avait mobilisé tout mon
>
> corps, que je m'étais «réincarnée» dans le texte que j'étudiais, et j'ai donc essayé de noter
>
> cet état-là.[39]

Kristeva part de ce constat qui oriente sa démarche analytique : dans sa recherche du temps perdu, Proust imagine une «fiction sensorielle» en installant et préservant un équilibre – certes précaire – entre deux projets scripturaires. Il réalise celui, somme toute classique depuis Homère, de bâtir un univers fictionnel et d'en inscrire les personnages et les événements dans le temps du

39   «*Meurtre à Byzance* ou pourquoi ‹je me voyage› en roman», entretien avec Pierre-Louis Fort, *L'Infini*, Gallimard, Paris, n°92, automne 2005, p.89.

monde; mais, comme il n'est de monde que celui de la mémoire, ce projet se double d'une autre quête, celle d'un «temps hors-temps»: le temps sensible. Sans doute parce que cette anecdote est le point de tangence originel de ces deux perspectives majeures, le livre s'ouvre sur un commentaire du célèbre épisode de la «petite madeleine» – familier à chacun, même non lecteur de Proust. En tissant un réseau d'associations extrêmement complexe à partir du vocable «madeleine» – qui est aussi «Madeleine» –, Kristeva se lance elle-même à la recherche des origines perdues (insoupçonnées, latentes) de la quête mémorielle proustienne et du microcosme fictionnel auquel elle donne existence littéraire. Elle en passe ensuite en revue un à un les personnages, retraçant – plus encore, *refaisant* elle-même – le parcours complexe de leur genèse (qu'elle reconstitue notamment à partir des brouillons et paperoles successifs d'*À la recherche...* et de la correspondance de son auteur), explorant dans leurs recoins les plus secrets leur psychologie ainsi que leur itinéraire social tant au sein de l'univers romanesque que dans le labyrinthe de la société française au temps des événements racontés. S'inscrivant dans la tradition des caractères héritée de La Bruyère, Madame de Sévigné et Saint-Simon, Proust la renouvelle en la traversant des incertitudes existentielles de l'époque moderne. En élucidant comment, statue et réverbération à la fois, chacun des personnages conjugue à sa manière évanescence et compacité, Kristeva éprouve leur ambivalence ontologique et reproduit dans sa démarche critique les intermittences de celle du narrateur qui tantôt s'identifie à leur instabilité, tantôt redevient leur spectateur distancié, parfois tendre, parfois moqueur, d'autres fois sarcastique et cruel.

Cette «alternative exorbitante», Kristeva l'explore dans la deuxième partie de son essai – intitulée «Quand dire, c'est percevoir» –, fondant son analyse, non seulement sur le texte d'*À la recherche...* (dans ses versions successives reconstituées à la lecture du manuscrit), mais encore sur les informations biographiques (puisées tant dans les témoignages de ses contemporains que dans la correspondance et les écrits de Proust lui-même) et sur les thèses de philosophes (de Platon à Heidegger en passant par Schopenhauer ou Bergson) susceptibles, selon elle, d'avoir pu influencer l'écriture proustienne dans sa quête d'une saisie de l'Être à travers l'opacité du Temps.

En référence au temps de l'inconscient décrit par Freud comme *zeitlos* – radicalement étranger à toute forme de chronologie[40] –, Kristeva appelle «temps hors-temps» le temps incorporé dont l'écriture proustienne s'efforce de mettre à jour et de traduire en langue la prégnance. Sa mise en mots résulte d'un processus analogique très complexe: lorsqu'une perception présente se rapporte à une sensation passée – parce qu'elle est induite par un désir similaire –, la mémoire involontaire la retrouve et suscite l'association de ces sensations ressemblantes et leur métamorphose en une impression, laquelle, effaçant les frontières des espaces et des époques, du senti et du pensé, brouille leurs identités respectives. La métaphore proustienne serait l'équivalent stylistique – et poétique – de l'impression dans ce processus d'introspection mémorielle: de même que les sensations, les mots proustiens fonctionnent par deux (la madeleine de Maman/celle de Tante Léonie; les dalles de Saint-Marc/celles de la cour des Guermantes...), chacun se donnant à entendre et à lire simultanément – comme en surimpression –, en tant que son et sens, mais aussi sensation, dans sa présence la plus immédiatement perceptible et la plus proche qui soit de l'indicible pulsionnel. De même, en creusant la configuration syn-

40 Kristeva analyse en détail cette notion dans *La Révolte intime*, «Le scandale du hors-temps», LGF, coll. «Le livre de poche» n°4294, Paris, 2000, p.40-67.

taxique de son texte d'enchâssements multiples et divergents, Proust conjure la linéarité de l'ordonnancement des signes et atteint, dans et par les mots, une temporalité autre aux confins polyphoniques de l'entendement humain. Ancré dans la perception sensorielle, le style – que Proust appelle «vision» – rejoint donc la chair et le ressenti passionnel dans la variété et l'infinie subtilité de leurs manifestations. L'expérience proustienne – scripturaire aussi bien que lectorale, ce qui justifie si besoin est l'incarnation sensible de Kristeva dans sa propre parole analytique – est donc doublement «transsubstantielle»: la mémoire retrouve et ranime, sous les signes du monde et du texte, la force d'un choc sensoriel qui immerge l'être parlant dans l'Être; quant à la psyché, en prise avec les sensations qui nouent la subjectivité au monde extérieur, elle procède à l'absorption imaginative du monde, véritable incorporation de l'ontologique.

C'est pourquoi, aux yeux de Proust, ce temps psychique et sensible qui modèle les esprits et les corps et trouve sa *réalisation* dans le monde du fait de l'immanence de la sensation, s'avère être l'unique valeur imaginaire et la seule extériorité imaginable que le roman puisse proposer à la lecture, dans ce permanent va-et-vient – qu'il génère et dont il procède – depuis la mémoire sensorielle vers les mots, depuis les mots jusqu'aux perceptions. Proust est en quête d'un imaginaire «incorporé»: un espace où, par la traversée des mots jusqu'à leur opaque surgissement inconscient, se tisse la chair continue du monde (et de la mémoire) dans laquelle chacun – narrateur, écrivain, lecteur – trouve son inscription. Si le temps hors-temps ouvre une éternité, celle-ci est donc de nature paradoxalement spatiale, étant celle de l'œuvre. La recherche du temps est en effet celle d'un *volume* dans lequel puisse se jouer la dramaturgie de l'infinité des sensations et se

62

représenter la symbiose entre la psyché et le monde. Aussi l'espace de l'œuvre est-il perçu par Proust comme celui d'une cathédrale, lieu proprement sacré d'intense communion sensible avec le lecteur, *entre* les lecteurs.

Quête ontologique, l'écriture serait donc, *via* la mémoire sensorielle, accès à l'essence et à la vérité des choses et des êtres. S'ancrant dans la représentation des vanités du spectacle mondain, elle est toutefois, chez Proust, le contraire d'une expérience de la plénitude de l'Être.

Si l'analogie révélant la vérité de la chair s'avère être l'ontologique, l'ontologie elle-même s'émaille d'une multitude d'images. À côté de l'ascèse littéraire, la *société* réduite à la *mondanité, et à la mode*, n'est qu'un spectacle permanent d'apparitions juxtaposées et contradictoires, décrétées réelles par l'opinion du moment. À l'opposé de la profondeur, cet univers de caprices (Oriane), de potins (Léonie), de lubies (Françoise), d'anathèmes (Mme Verdurin) et de tares dissimulées (le baron de Charlus, Robert de Saint-Loup et tant d'autres) se bâtit à coups de conventions et de rhétoriques qui ont force de décrets mondains dans la seule mesure où ils déréalisent ce monde-là et l'Histoire elle-même. [...]

Cependant, en déchiffrant ainsi cette mondanité et ses modes, le narrateur n'atteint pas une quelconque essence qui serait la leur, car seule lui paraît «divine» l'expérience essentielle de la littérature. Soumise à la métaphore, l'essence du spectacle s'effrite en images, apparences, mimétismes. L'essence du monde est analogie quand l'Être s'achève dans l'Opinion, qui est un démon de transferts, de métaphores. En ce sens, loin d'être un archaïsme, la société proustienne rejoint la nôtre et les pages élégantes d'*À la recherche...* apparaissent comme une des premières visions modernes de la société-spectacle. [...]

Résultait-il de ces retournements du dedans et du dehors, de l'imaginaire en mondanité et de la mondanité en imaginaire, une destruction de l'intériorité, de la psychologie avec elle, et la mise en place «de ce vide toujours en devenir»?[41] L'intériorité banale, névrotique, s'efface en effet au profit d'une *autre aventure psychique*: traversée des limites, extériorité du dedans, intériorité du dehors, décollage et accolade entre deux points dissociés et inséparables. L'expérience imaginaire coïncide avec le nucléus du temps, cet intervalle entre la

41   Cf. M. Blanchot, «L'expérience de Proust» in *Le Livre à venir*, Gallimard, Paris, 1959, p. 23.

chose ontologique et le flux analogique. Intégrant psychose et perversion, la sublimation accomplit cette logique. Cependant, elle ne vide pas le monde, mais le fragmente, pulvérise et sature. Ainsi retrouvé avec le temps, le monde est, non pas surréel, mais surimaginarisé, transsubstantialisé. Englobé dans un moi qui le refait en allant droit à son *essence d'illusion*, le monde est rendu à sa vérité de simulacre qui est sa seule vérité : celle de la sensation imaginaire. « La magie illusoire de la littérature »,[42] plongée dans le temps sensible, n'est plus un double de la sensation « mais cette sensation elle-même ».[43] [...]

L'Être infini lui-même n'échappe pas à cette conscience dissolvante : il se montre poreux, artificiel, imaginaire. Si l'écrivain s'autorise à rivaliser avec sa créativité, il ne peut que le profaner en le recréant ; il le prive de son essentialité, il se l'approprie et, par réciprocité, il dévoile l'artifice de l'Être. Le snobisme tant décrié et si agaçant de Proust ne ferait alors que révéler la conscience de cet artifice omniprésent [...]. Paradoxalement mais en fait lucidement, c'est d'avoir dévoilé l'artificialité de l'amour et de l'Être, de s'être laissé dévoré par cette artificialité – dévoré par le Monde, dévoré par l'Œuvre – que Proust reste le plus authentique des écrivains français du xxᵉ siècle.[44]

Kristeva achève son essai par une réflexion plus générale sur la nature foncièrement protéiforme et dialogique du roman. Parce qu'il a mis à mal la mythique – et religieuse – unité du sens et de l'être parlant et conduit l'imaginaire occidental à une polyvalence sans précédent, elle considère ce genre comme le plus emblématique de cette irréductibilité kaléidoscopique propre à l'individu moderne et le mieux à même de la mettre en mots. Revient donc au romancier d'aujourd'hui la tâche de figurer un imaginaire qui soit le reflet de cette subjectivité polymorphe caractéristique de l'homme d'aujourd'hui.

Comment écrire ce récit critique, incarné, sensible, qui par sa forme et ses thèmes représenterait l'homme et la société postmodernes tout en restant accessible à un large public ? Telle est la question que se pose, non plus l'essayiste critique, mais la romancière Julia Kristeva. Car, et c'est là une autre facette de son œuvre, Kristeva a pris en 1989 le risque de l'écriture romanesque, et signé à ce jour quatre romans.[45] Plutôt que de raconter le détail de leurs intrigues respectives, il s'agit ici – autre manière d'engager le lecteur à les découvrir – d'éclairer la *démarche* scripturaire de Kristeva dans cette voie nouvelle de son expérience littéraire.

Kristeva a mis plusieurs années[46] à répondre par l'affirmative à cette question à ses yeux cruciale : la fiction peut-elle, avec autant d'efficacité et de tranchant que l'écoute analytique et l'essai théorique, prendre en charge la négativité – la pulsion de mort et ses avatars – et produire sur elle un discours certes déceptif et démystificateur mais juste et révélateur ?

Quelle autre composition, sinon la polyphonie du roman, pourrait faire résonner la psychose qui est la réalité brute des humains globalisés, telle que l'étale la criminalité généralisée ? À proximité et avec distance, en toute lucidité ? Quelle autre composition, sinon la polyphonie du roman, pourrait faire entendre ces modulations psychiques que sont les différentes religions, aujourd'hui plus que jamais en crise, et par conséquent en conflits fratricides ? Sans complaisance et sans jugement identitaire, en toute lucidité ? Pour l'analyste comme pour la romancière, les religions sont des modulations psychiques, n'est-ce pas ? […] Et si le roman était le lieu propice dans lequel pourrait se jouer, non pas le heurt des religions et des assassins, mais leur traversée, leur refonte dans un bouquet de paysages psychiques qu'il est impossible d'assainir ou d'abolir, mais qu'il nous reste à explorer pour tenter de les sublimer ? Je dis bien *le roman*, car s'il est vrai qu'une reformulation des diversités psychiques s'impose, si nous voulons éviter non pas la fin de l'histoire mais une histoire dérivant implacablement vers la destruction du globe et des humains, cette reformulation relève de l'imaginaire. Certainement pas des sciences, fussent-elles humaines, et certainement pas des discours religieux aujourd'hui crispés sur leurs identités, malgré le souhait du Pape qui est peut-être le plus avancé des hommes religieux à l'heure actuelle. S'il est vrai, comme je le crois, que la mondialisation et ses crises religieuses signalent, non pas le regain du religieux mais son affolement, inévitable moment de son

42   Marcel Proust, *À la recherche du temps perdu tome IV : Le Temps retrouvé*, Gallimard, coll. «Bibliothèque de la Pléiade», Paris, 1989, p. 301.
43   *Ibid.*, p. 453.
44   *Le Temps sensible*, op. cit., p. 391-396.
45   *Les Samouraïs* (1990), *Le Vieil Homme et les Loups* (1991), *Possessions* (1996), *Meurtre à Byzance* (2004).
46   Cf. *Julia Kristeva Interviews*, op. cit., p. 201.

déclin annoncé par Nietzsche, c'est le roman qui sera, qui est le terrain propice où pourra se formuler cette fin interminable.[47]

« À condition, ajoute Kristeva, de construire le roman comme un roman du Sujet. » Car l'association libre propre à la parole analytique a, selon elle, définitivement invalidé le roman du Moi, centripète, axé sur la confession d'une subjectivité certes en conflit, mais donnée comme finie, enfermée dans un cercle herméneutique dont il s'agit seulement de déceler la clé. S'il ne fait nullement l'économie des affects et de la mémoire intime de la psyché qui s'y livre, le roman du sujet – tel que le conçoit et l'écrit la romancière – loin de se confiner dans leur exhibition complaisante et autosuffisante, les propulse dans le maelström de la grande histoire, suscitant le brassage des identités, des lieux et des temps, tous divergents mais en constante *altération* et « transverbération » réciproques. La lecture reconduit le mouvement incertain de l'écriture, traversée et questionnement des identités en dérive, épreuve – tragique, heureusement mâtinée d'une ironie vitale, celle du rire et de la mascarade carnavalesques – de leur dissolution radicale et de leur recréation aléatoire.

Si nous appelons divin le sens qui nous habite, alors la mutation de la place du sujet dans la parole est ce qui conditionne la mutation du divin. Le roman du sujet, ainsi compris, nous place sur le chemin de cette mutation. Saint Augustin [...] est le premier romancier du sujet parce qu'il est le premier à énoncer les deux principes fondamentaux de sa transfiguration : *Quaestio mihi factus sum* (« Je suis devenu une question pour moi-même ») et *In via in patria* (« Il n'y a pas d'autre patrie que le voyage »). Tel me semble être le programme, métaphysique, de celui qui parle dans un roman : la déconstruction (des thèmes psychologiques et des personnages eux-mêmes) et le déplacement (des limites et des genres) découlent de la dynamique augustinienne qui transfigure la mémoire du verbe et de la chair.[48]

C'est la forme du roman noir qui s'est imposée à Kristeva pour trois de ses quatre romans écrits à ce jour.[49] Mieux qu'aucun autre,

66

par la mise en scène catastrophique du crime et le récit de son élucidation par l'enquête, le genre policier permet de représenter la pulsion de mort et d'en affronter directement la violence insoutenable et fascinante. Inscrivant le meurtre et sa cruauté paroxystique dans la logique de contextes socio-politiques qui sont eux-mêmes le reflet de nos sociétés occidentales (Santa Barbara, où se déroulent ces trois romans, est l'emblème de la sauvagerie banalisée du monde dit moderne), Kristeva n'identifie pas seulement les pathologies relevant de la pulsion criminelle au comportement de quelques redoutables *serial killers* mais bien plus largement au fonctionnement vicié de la vie politique et de ses acteurs – à chacun d'entre nous en somme. Ainsi, dans *Meurtre à Byzance*, le commissaire Rilsky finit-il par douter de ne pas être l'assassin qu'il poursuit :

> J'aurais fait comme lui, et plus que ça. Qui est le tueur ? Chacun de nous est-il un tueur potentiel ? Sinon, comment soupçonner qu'un irréprochable officier de police puisse contenir de telles pulsions meurtrières ? Je suis un sadique en négatif qui ne demande qu'à se révéler, sait-on jamais, à moins que ce ne me soit déjà arrivé dans une autre vie ? J'aurais pu être à sa place, je l'ai peut-être été, mon jumeau, mon double, mon frère... Pour mêler ainsi le sang et l'encre, le meurtrier est hors de soi dans un infini temps noir. C'est moi qui t'ai pété la gueule, sinistre révérend moisi, moi hors de moi, mais va donc démontrer que c'est moi, tu ne pourras jamais le prouver, et les tiens encore moins, pourtant personne au monde ne le devinera plus intensément que vous, alors que c'est peut-être bien moi, qui pourrait dire le contraire, pas même moi...[50]

Un tel dévoilement sans complaisance de ce qu'elle considère comme l'envers meurtrier des liens sociaux *décontenance* le lecteur : il le déleste de toutes les réponses défensives engrangées une à une par une culture lénifiante et consensuelle pour l'affronter à l'inquiétante « insolence de l'ouvert » et l'acculer à un questionnement permanent, lequel suspend définitivement toute

47   « *Meurtre à Byzance* ou pourquoi ‹je me voyage› en roman », entretien avec Pierre-Louis Fort, *op. cit.*, p. 84-85.
48   *Ibid.*, p. 89.
49   *Les Samouraïs* est une autobiographie romancée – et cryptée – qui relate l'aventure du groupe Tel Quel à travers l'expérience et le regard d'un personnage, Olga, *alter ego* de Kristeva.
50   *Meurtre à Byzance*, Fayard, Paris, 2004, p. 64.

certitude prétendument acquise et, sans pour autant l'éradiquer, remonte pas à pas aux origines du mal – qu'il s'agisse de la violence sociale ou du sadomasochisme lové dans sa psyché – pour l'éclairer d'un jour certes fictionnel, et pourtant moins trompeur. Démarche herméneutique, on l'aura compris, en bien des points comparable à celle de l'analyste, dont la vocation n'est nullement d'apporter des réponses mais de stimuler chez le patient le désir d'interroger la redoutable énigme de sa subjectivité – la littérature policière suscitant de surcroît la sublimation esthétique de la vulnérabilité humaine.

Kristeva s'inscrit dans la lignée d'écrivains comme Rabelais, Dostoïevski ou Joyce, qui ont investi la dimension polyphonique du genre romanesque pour signifier la pluralité non simplifiable du monde et de l'âme humaine ; composition cubiste que celle de ses romans, marquée du double sceau de la rupture et de la rapidité, chaque fragment du puzzle s'imposant dans son hétérogénéité radicale aussi bien qu'en résonance et contamination réciproque avec les autres éléments de l'ensemble. B.-H. Lévy souligne ainsi la dimension vertigineusement protéiforme de *Meurtre à Byzance* :

> Voilà un thriller. Une fable métaphysique. Un roman d'amour. Un autoportrait crypté. Voilà un récit picaresque sur fond de sectes, de terrorisme, de fin de l'Histoire, d'Europe en construction ou convulsion, de meurtres rituels, de manuscrits mystérieux. Voilà une méditation sur le Mal. Un retour, mais à travers la fiction, sur cette irrémédiable « étrangeté à soi » explorée, ailleurs, par l'auteur.[51]

Toutefois, bien que fortement marquée par l'éthique et l'esthétique du genre policier, Kristeva affilie davantage encore son roman au récit philosophique et encyclopédique des Lumières. Elle le veut « total » – mais d'une totalité non réductible –, et l'écrit dans un style exubérant qui mêle lyrisme, oralité et musicalité, donnant à entendre en contrepoint de la langue « la mélodie du sensible», ce substrat émotionnel et pulsionnel qui ombilique les mots au corps et à la chair du monde.

> [...] Toujours retenue par les voyelles, consonnes et syllabes, je vais à la rencontre d'un insaisissable feu follet sous l'écorce des signes, humeur et sens, bonté méchante et naïve, fluide, fleuve fuyant sans cesse changeant [...].[52]

51 Bernard-Henri Lévy, «Bloc-note: Le Byzance de Julia Kristeva – Bondy et Reza – Libérez Battisti» in *Le Point* n° 1640, 19 février 2004, p. 114.
52 Ainsi Stéphanie Delacour, *alter ego* de Kristeva, décrit-elle son expérience de l'écriture dans *Meurtre à Byzance, op. cit.*, p. 114.

5

« Unes femmes »

«**U** nes femmes»: tel est le titre d'une interview donnée par Kristeva en 1975 à la revue féministe belge *Les Cahiers du GRIF* et particulièrement emblématique de ce travail de longue haleine qui traverse son existence et ses combats de femme depuis son arrivée à Paris en 1965 – alors que les mouvements pour l'émancipation féminine amorçaient un nouvel élan. À travers des questions aussi cruciales que la sexualité féminine, le lien maternel, la créativité des femmes (notamment intellectuelle, artistique et littéraire) ou encore la bisexualité psychique propre aux deux sexes, Kristeva s'est toujours efforcée de discerner non pas l'essence de «la femme», mais les différences du «féminin». Altérant de manière provocante et paradoxale le déterminant singulier «une», la désinence plurielle du «s» muet suggère la primauté de la singularité de chacune au sein d'une hypothétique «condition féminine». Kristeva, en effet, a constamment eu à cœur de se démarquer d'un certain féminisme de masse et de sa perspective totalisante qui réduit paradoxalement la femme à des déterminismes biologiques, mais également sociaux, historiques et idéologiques. Elle repère – et déplore – une constante dans l'histoire des femmes, jusques et y compris dans les récentes étapes du combat pour leur «libération»: trop souvent, elles ont été soumises à un processus de massification implacable – chaque individu ne représentant qu'un spécimen de la communauté du «deuxième sexe»; très rarement l'on a pris en compte la situation, la subjectivité et l'initiative propres à chacune. Pour faire entendre leur voix, les femmes n'ont pu en effet que se conformer pendant des générations à un canon universel constitué par la tradition métaphysique, laquelle a œuvré insidieusement à l'effacement du corps et des différences, et progressivement glissé de l'universalité à l'uniformité. Cette «banalisation des femmes» est, selon Kristeva, la cause princi-

72

pale de la marginalisation et du repli de certaines mouvances féministes dans un dogmatisme trop souvent vainement vindicatif. Aussi tient-elle à se démarquer d'une conception métaphysique de « la femme » pour, dans le sillage de Freud, envisager le féminin non comme une essence mais comme un trait psychosomatique – d'ailleurs repérable aussi bien chez l'homme –, influant sur la singularité de chaque sujet. Loin de vouloir ignorer la différence sexuelle, Kristeva explore l'économie libidinale et psychique spécifique au sujet féminin, non pour cerner une illusoire identité féminine – question héritée du xixe siècle, qui a trouvé sa pleine expression au xxe et qui, selon elle, est désormais obsolète –, mais pour dépasser l'enfermement dans les catégories sexuelles et ouvrir, via l'interrogation et la déconstruction des identités, à la seule question qui vaille, celle de la singularité de chacun.

Dans sa réflexion sur le féminin, Kristeva n'a toutefois nullement négligé de considérer les femmes comme un groupe social à part entière, dont le rapport à la liberté est déterminé – différemment à chaque époque – par le contexte socio-économique et historique. Mais si le féminin est une spécificité qui s'enracine aussi bien dans l'héritage génétique que dans le corpus idéologique et religieux sédimenté par les générations et les conditions socio-économiques d'une époque donnée, ces déterminismes doivent être envisagés comme continuellement susceptibles de modulations, voire de modifications, du fait même de l'irréductible singularité et de la liberté propres à chaque femme – de son « génie ». La réflexion de Kristeva sur le féminin part en effet de cette conviction fondamentale : l'ultime aboutissement des droits de l'homme et de la femme n'est autre que l'idéal formulé par Duns Scot et que l'époque contemporaine a désormais les moyens de réaliser : l'attention portée à l'ecceitas, le soin accordé à l'épanouissement de chaque individu, le souci de l'advenue du «qui» dans le «quelconque».

Kristeva a trouvé dans la notion provocante de «génie féminin» l'expression la plus adéquate de cet «incommensurable» qui fait – qui est – la singularité de chaque femme. *Le Génie féminin : la vie, la folie, les mots*, tel est en effet le titre de la trilogie publiée entre 1999 et 2002 et consacrée à trois femmes du XXe siècle – Hannah Arendt, Melanie Klein et Colette –, essai qui cristallise une réflexion alors déjà longue de plus de trente ans.

Reconnaître la contribution majeure de quelques femmes extraordinaires qui, par leur vie et leur œuvre, ont marqué l'histoire de ce siècle est un appel à la singularité de chacune. Le dépassement de soi, à l'horizon d'exemples qu'on peut apprivoiser, n'est-il pas le meilleur antidote aux diverses massifications, qu'elles soient généreusement libertaires ou sagement conformistes? […]

Le XXe siècle a été celui où les progrès accélérés de la technique ont révélé, plus et mieux qu'auparavant, à la fois l'excellence des hommes et les risques d'autodestruction que l'humanité porte en elle-même. La Shoah en est la preuve, il est presque superflu d'y ajouter la bombe atomique ou les dangers de la globalisation.

La vie nous apparaît dès lors comme le bien ultime, après l'écroulement des systèmes de valeurs. Vie menacée, vie désirable : mais quelle vie ? Hannah Arendt a tout entière été prise dans cette méditation lorsque, face aux camps des deux totalitarismes, elle a misé sur une action politique respectueuse et révélatrice du «miracle de la natalité».

Mais elle préféra ne pas penser qu'une langue puisse devenir folle et que le «bon sens» de l'humanité puisse celer une menace de démence. C'est Melanie Klein qui allait poursuivre l'investigation de ces abîmes de la psyché humaine et, telle une reine du polar, enquêter sans cesse sur la pulsion de mort qui anime l'être parlant dès qu'il voit le jour, mélancolie ou schizo-paranoïa se disputant la primauté de cette emprise.

Les jouisseuses, les séductrices qui s'enivrent de la chair d'un abricot comme de l'arum du sexe d'un amant ou des seins parfumés au lilas d'une maîtresse, n'ont pourtant pas déserté l'ère atomique. S'il n'est pas seulement de sinistre mémoire, ce XXe siècle le doit sans doute aussi au plaisir et à l'impudeur de femmes libres, telles que Colette a su les dire avec la grâce insolente de l'insoumise qu'elle fut. La saveur des mots, rendue aux individus robotisés que nous sommes, est peut-être le plus beau cadeau qu'une écriture féminine puisse offrir à la langue maternelle. [...]

Ces trois expériences, ces trois œuvres de vérité révélatrice se sont produites au cœur du siècle en même temps que dans ses marges. Pas vraiment exclues, pas vraiment marginales, Arendt, Klein et Colette sont cependant « hors du rang ». Elles réalisent leur liberté d'exploratrices hors des courants dominants, des institutions, des partis et des écoles. La pensée d'Arendt est à la croisée des disciplines (philosophie ? politologie ? sociologie ?), transversale aux religions et aux appartenances ethniques ou politiques, rebelle à l'*establishment* de « droite » comme de « gauche ». La recherche de Klein défie le conformisme des freudiens et, sans craindre le risque de l'infidélité à l'orthodoxie psychanalytique de l'époque, inscrit une véritable rupture dans l'exploration de l'Œdipe, du fantasme, du langage et du prélangage. Provinciale et scandaleuse, puis mondaine mais toujours populaire, Colette ne rejoint en définitive l'académisme littéraire qu'en persévérant dans sa perspicacité de la comédie sociale et dans sa fronde sensuelle. Novatrices parce que non conformes, leur génie est à ce prix : les révoltées y puisent leur exaltation, elles en paient aussi les frais d'ostracisme, d'incompréhension et de dédain. Destin commun aux génies... et aux femmes ?[53]

Kristeva dédie son triptyque à la mémoire de Simone de Beauvoir, dont elle se reconnaît l'héritière et continuatrice de la pensée ; car si l'auteur du *Deuxième Sexe* a posé comme enjeu essentiel de sa réflexion et de son action la transformation de la « condition féminine », elle est loin d'avoir sous-estimé l'individualité de chaque femme en quoi résident ses chances de se transcender et de dépasser les limites de sa condition. La reconnaissance de l'égalité des sexes lui est seulement apparue comme le préalable nécessaire à l'expression de la singularité et de la créativité de chacune. Cette priorité (chronologique, non d'importance) donnée par Beauvoir à la condition de toutes a eu pour effet la minoration d'une autre urgence, celle de la prise en compte et de

53   *Le Génie féminin tome I : Hannah Arendt*, Gallimard, coll. « Folio Essais » n°432, Paris, 2003, p. 12-19.

la valorisation de l'indécidable eccéité de chaque femme. Telles que Kristeva les appréhende, les expériences d'Arendt, Klein et Colette témoignent de ce fait, à ses yeux capital : sans attendre la libération institutionnelle de leur condition, des femmes ont su affirmer et réaliser leur liberté de façon originale et inédite dans des contextes sociaux, idéologiques et intellectuels qui n'étaient nullement prêts à les accueillir, et dont elles ont de surcroît réussi à infléchir, par la puissance de leur inventivité, la trajectoire conservatrice et exclusive. La force intime qui leur a donné la capacité de se dépasser elles-mêmes et dépasser la condition qu'une société leur avait faite participe sans nul doute de ce que Kristeva propose d'appeler le « génie » des femmes.

La démarche analytique de Kristeva dans ce triptyque se fonde sur cette hypothèse : le rapport des femmes à la pensée universelle étant sous-tendu par une dynamique psycho-sexuelle différente de celle des hommes, leurs réalisations culturelles, dans le domaine de la pensée et tout particulièrement dans les arts et les lettres, doivent porter les traces de cette différence. Aussi, après avoir consacré chacun des tomes de sa trilogie à éclairer la spécificité et l'originalité de l'œuvre et de la pensée d'Arendt, Klein et Colette, Kristeva revient-elle sur la question initiale laissée en suspens dans l'introduction générale : « Y a-t-il un génie féminin ? » Elle développe alors pour conclure « cette hypothèse du féminin qui est la [s]ienne, fruit de [s]a fréquentation de l'histoire et de l'actualité de la psychanalyse [...] autant que de [s]a propre expérience de thérapeute, afin de déceler ce qui, de la vie et des écrits de ces trois génies, pourrait revenir au *féminin* ». Elle s'attache dans un premier temps à spécifier la dynamique psychosexuelle féminine, caractérisée selon elle par un Œdipe biface : elle baptise *Œdipe prime* la première période d'existence

76

du sujet féminin, marquée par une relation fusionnelle d'une très grande intensité sensorielle et érotique avec le corps maternel, à l'origine de cette homosexualité endogène de la femme qui constitue le fondement refoulé de sa psychosexualité. Le corps à corps de l'enfant avec sa mère est alors très fortement marqué par l'intrusion de cette dernière dans chacun de ses orifices – anticipant ainsi la pénétration qui marquera la sexualité future du sujet féminin. Ce masochisme lié à l'effraction des orifices trouve toutefois son contrepoint dans des abréactions sadiques, comme la dévoration agressive du sein maternel, et sa compensation, non seulement dans l'excitation clitoridienne, mais également dans l'élaboration précoce d'un lien *d'introjection-et-d'identification avec l'objet* séducteur et intrusif qu'est la mère: la cavité corporelle investie par cette dernière se transforme en une représentation interne à laquelle s'identifie l'enfant. Commence ainsi un processus de « psychisation » précoce que Kristeva identifie comme étant l'origine de la tendance féminine à préférer l'idéalisation de la représentation psychique ou amoureuse à l'excitation érotique pulsionnelle. Cette identification n'est toutefois pas satisfaisante, la mère ne pouvant jamais *combler* totalement le désir éprouvé par sa fille de sa présence. Aussi cette dernière réclame-t-elle alors une prime imaginaire insatiable pour la satisfaction de ses plaisirs oral, anal et vaginal, exprimant ainsi son besoin d'un lien réel de dépendance et de possession – réel, c'est-à-dire impossible.

Avec la phase phallique – qui est celle, chez la petite fille, de l'*Œdipe bis* –, le jeune enfant commence à associer ses éprouvés pulsionnels internes aux processus cognitifs par lesquels il pense et nomme le monde extérieur, soudant ainsi son être de sujet *parlant-et-désirant*. Cette période se caractérise, pour le sujet féminin, par un changement d'objet – qui suppose lui-même un changement d'identification : le père remplace la mère comme cible du désir. Comme le garçon, la fille s'identifie alors non au pénis mais au phallus du père qui représente l'autorité symbolique, l'ordre du langage et de la pensée. Ce trajet complexe n'induit pas seulement ce que Freud appelle la « bisexualité psychique » propre au sujet féminin – qui serait plus accentuée que celle de l'homme. Il conditionne également ce que Kristeva conçoit comme l'irréductible *étrangeté* de la femme dans l'ordre symbolique et phallique, étrangeté qui fait de son Œdipe un inachèvement perpétuel et se manifeste parfois négativement par une inclination chronique à la dépression ou encore par ces avatars suicidaires du refus du féminin que sont la boulimie et l'anorexie.

En revanche, lorsque le sujet femme parvient à accomplir le tourniquet complexe que lui imposent l'*Œdipe prime* et l'*Œdipe bis*, elle peut avoir la chance d'acquérir cette étrange maturité dont l'homme manque si souvent, ballotté qu'il est entre la pose phallique du « macho » et la régression infantile de l'« impossible M. Bébé ». Dotée de cette maturité, une mère peut accueillir son enfant non pas comme une prothèse phallique ou narcissique (ce qu'il est le plus souvent), mais comme la présence réelle de l'autre : peut-être la première, à moins que ce ne soit la seule possible, et avec laquelle commence la civilisation comme un ensemble de liens basés non plus sur Éros, mais sur sa sublimation en Agapè. [...]

Dès lors, cette femme n'est plus dans le jeu de la mascarade, pourtant si amusant et si séduisant, où la féminité se construit comme un maquillage du féminin. Elle a métabolisé la réceptivité caverneuse et sensitive de l'*Œdipe prime* en une profondeur psychique : c'est le *féminin*. Elle n'ignore pas pour autant la *féminité* qui sait faire semblant, pour se défendre du féminin, en excellant dans la séduction et jusque dans la compétition virile. Ce que nous percevons comme une harmonieuse personnalité féminine parvient à faire coexister le féminin et la féminité, la réceptivité et la séduction, l'accueil et la performance : un « hermaphrodite mental », diagnostique Colette. Cette polyphonie dépassionnée de liens souples confère, au féminin lacunaire des origines, une existence sociale et historique apaisée. C'est dire, en effet, que *La* femme n'existe pas, en ce sens qu'il y a une pluralité de versions féminines, et que la communauté des femmes n'est jamais qu'*unes* femmes.[54]

Après avoir élucidé les modalités propres à la maturation libidinale et psychique du sujet féminin, Kristeva revient à Arendt, Klein et Colette pour cerner chez elles quelques traits communs qu'elle considère comme autant d'avatars spécifiques de la psychosexualité féminine. La permanence du lien à l'autre tout d'abord – c'est-à-dire de la relation d'objet qui semble exister depuis la plus petite enfance, et apparaît plus prégnante que les tendances narcissiques où les femmes sont traditionnellement supposées exceller : contrairement aux grands penseurs du XX⁰ siècle culturel occidental, leur valeur n'est pas l'ego, ni la solitude de l'individu. Chacune conçoit en effet le moi inséparable de la variété de ses liens : c'est la conviction pour Arendt que l'individu ne peut pleinement se réaliser que dans l'affirmation de sa différence au sein du lien politique aux autres ; chez Klein, le postulat d'un moi capable de « relation d'objet » dès les tout premiers temps de la vie psychique du bébé – postulat qui génère sa conception du sujet déjà focalisé sur la relation objectale ; chez Colette, la recherche d'un accomplissement du moi par son immersion dans le foisonnement des choses et des êtres.

Autre résonance récurrente avec la psycho-sexualité féminine, l'identification – extrêmement jubilatoire chez ces trois femmes – de la pensée (c'est-à-dire de la sublimation) et de la vie (l'expérience charnelle). Cette assimilation tend à ignorer toute dichotomie métaphysique entre le concret et l'abstrait, le physique et le psychique. Son ressort serait l'étrangeté du sujet féminin à l'égard de la maîtrise phallique ou de l'abstraction surmoïque, et son attirance pour d'autres modes d'expression, plus poétiques, qui enracinent le sens dans l'expérience sensible. Arendt

54   *Le Génie féminin tome III : Colette*, Fayard, Paris, 2002, p.556-558.

reprend les concepts de la métaphysique, mais pour les déconstruire en les abouchant avec la réalité tangible de la vie politique. Axant notamment ses travaux sur l'enfant psychotique et l'altération de ses facultés cognitives, Klein inaugure une conception nouvelle de la psychanalyse comme art de soigner la capacité de penser. Colette, quant à elle, conjugue écriture et pensée parce qu'écrire sa pensée c'est vivre et que, sitôt écrite, cette dernière se métamorphose en vie nouvelle, renouvelant joyeusement l'arrimage de son corps au monde sensible.

Une troisième constante se dégage enfin chez ces trois génies : elles considèrent la mort à la lumière de la naissance, de telle sorte que leur expérience de la temporalité est davantage celle d'une renaissance que celle de « la vie pour la mort » conçue par la philosophie classique, de Platon à Heidegger. Inachevé, toujours lui-même à réitérer, l'Œdipe biface de la petite fille pourrait être à l'origine de cette temporalité du renouvellement. Pour Arendt, le meilleur moyen de résister aux différentes formes de totalitarisme est de recréer dans la pensée et dans le lien social le « miracle de la natalité » : le fondement ontologique de la liberté se trouve dans la naissance. Klein amorce une approche inédite de la temporalité dans la cure analytique qu'elle assimile à un recommencement, une *re-naissance* : l'expérience du contretransfert vécu comme une résurgence suscitée par l'analyste de ses propres éprouvés infantiles rend possible la renaissance du patient dans et par la nomination de ses affects. Colette, quant à elle, s'émerveille de cette force extraordinaire de renouvellement qu'elle décèle aussi bien en elle que dans l'univers, et en fait l'un des moteurs de son écriture.

Kristeva revient sur la bisexualité psychique pour conclure sa réflexion sur le génie féminin, rappelant que l'« hermaphrodisme

80

mental» est commun aux deux sexes et que la réalisation intellectuelle ou littéraire de leur singularité n'a pu être possible que
par l'affirmation phallique d'Arendt, de Klein et de Colette. Cette
affirmation, toutefois, ne fut nullement dénégation du féminin
et tentative d'appropriation de la puissance masculine : explorant les ressorts les plus créatifs de leur bisexualité psychique, ces
femmes ont réussi au contraire à conjuguer l'élaboration intellectuelle et littéraire et leur immersion dans l'inconscient féminin.

Attentive à la différence sexuelle, notre enquête sur le génie féminin nous a conduite, en somme, à dépasser la dichotomie des sexes, à nous écarter du présupposé initial qui pose un système sexuel binaire. Ce dépassement s'est produit non seulement parce que la bisexualité psychique nous est apparue comme une donnée propre aux deux sexes, avec des dominantes différant d'une identité sexuelle à l'autre et d'un individu à l'autre ; non seulement parce que chaque identité sexuelle spécifique à un sujet donné se construit dès lors comme un écart par rapport à une dominante ; mais, enfin et surtout, parce que la créa-tivité conduite à son épanouissement dans le génie pousse à l'extrême cet écart, jusqu'à la singularité maximale et cependant partageable : au cœur de la solitude risquée de l'inno-vation qui a brûlé chacune d'entre elles, Arendt, Klein et Colette amorcent cependant la possibilité d'une opinion nécessairement publique, pourquoi pas d'une école, au mieux d'une séduction qui sollicite la communion des lectures, la communauté des lecteurs...

Avec leur libération sexuelle, sociale et politique, l'entrée des femmes sur la scène des divers savoirs et compétences dans la Cité moderne a posé la question de leur égalité ou de leur différence avec les hommes. Ce fut la grande interrogation du XXe siècle. En revanche, le troisième millénaire sera celui des chances individuelles, ou il ne sera pas. J'aurais voulu, avec ce triptyque, aider à traverser la désormais vieille interrogation soucieuse de fixer l'identité sexuelle. Et, par-delà le polymorphisme sexuel qui se dessine déjà dans l'ère pla-nétaire – jusqu'à mettre en question aussi bien l'identité de chacun de nous que la possi-bilité même du couple et de la procréation naturelle –, j'aimerais penser que chaque sujet invente dans son intimité un sexe spécifique : c'est là que réside son génie, qui est tout simplement sa créativité.[55]

55   *Le Génie féminin tome III : Colette*, op. cit., p. 565-566.

Il n'y a donc pas, pour Kristeva, d'écriture féminine, pas plus que d'écriture masculine : s'il est des thèmes et des fantasmes plus féminins que d'autres (la relation à l'Autre, celle de l'enfant et de sa mère, l'implication sensible du corps dans le monde, l'écoute de l'inconscient et du discours intérieur...), c'est bien l'ambiguïté sexuelle qui fait le terreau de l'écriture : Artaud, Mallarmé, Proust, Joyce ou Blanchot sont aussi féminins que Virginia Woolf ou Nathalie Sarraute.

6

L'avenir d'une révolte

S′ il est un mot qui fait retour sous la plume de Kristeva et sur la couverture de ses livres,[56] c'est bien le mot *révolte* – lui-même toujours conjugué au thème, mais aussi au temps, de la *renaissance*.

La vie psychique est cet espace intérieur où traumas physiologiques et biologiques, mais aussi agressions sociales et politiques, sont recueillis et métamorphosés – sublimés – par l'imaginaire en fantasmes, créations artistiques et littéraires, expériences religieuses ou politiques… La révolte se joue à cette charnière de l'intime et du collectif, entre renaissance individuelle et implication dans le pacte social (entendu dans la tradition philosophique des Lumières comme une appartenance problématique, à réinventer à tout moment) : si, pour Kristeva, elle est ce questionnement sans cesse remis à jour de la capacité humaine à renaître et se révéler à elle-même et à autrui dans et par la parole et l'inauguration de nouveaux liens, la révolte est aussi bien la dynamique motrice de cette faculté de renouvellement.

Or, la société moderne souffre d'avoir perdu ses espaces où hommes et femmes se retrouvent pour penser et se représenter ensemble leur aptitude au dépassement et à la transcendance. La désaffection du sentiment religieux a entraîné la désertification de la sphère du sacré – bordée de meurtres et de sacrifices –, et c'est cet impensé radical que révèlent entre autres le triomphe de la pulsion de mort dans l'extrême violence du terrorisme et, de façon moins spectaculaire, « les nouvelles maladies de l'âme ».

84

La *révolte* donc, comme retour-retournement-déplacement-changement, constitue la logique profonde d'une certaine culture que je voudrais réhabiliter, et dont l'acuité me semble aujourd'hui bien menacée. [...]

Depuis Socrate et Platon, et plus explicitement encore dans la théologie chrétienne, l'homme est invité à un «retour» [...]. Telle est notamment la visée du *redire* de saint Augustin, fondé sur le lien rétrospectif au déjà-là du Créateur: la possibilité de questionner son propre être, de se chercher soi-même (*se quaerere: quaestio mihi factus sum*) est donnée par cette aptitude au «retour», qui est simultanément *remémoration, interrogation et pensée*.

Cependant, le développement de la technique a favorisé la connaissance de valeurs stables, au détriment de la pensée comme retour, comme recherche (comme *redire*, comme *se quaerere*). Par ailleurs, la désacralisation du christianisme, mais aussi ses propres tendances intrinsèques propices à la stabilisation, à la réconciliation dans l'immuabilité de l'être, ont déconsidéré, quand elles ne l'ont pas rendu impossible, ce «combat» avec le monde et avec soi qui caractérise aussi l'eschatologie chrétienne.

Dès lors, l'interrogation des valeurs s'est transformée en *nihilisme*: entendons par «nihilisme» le rejet des anciennes valeurs au profit d'un *culte* de nouvelles valeurs dont on *suspend l'interrogation*. Ce qu'on a pris pour une «révolte» ou une «révolution» depuis deux siècles, tout particulièrement en politique et dans les idéologies accompagnatrices, fut le plus souvent un *abandon du questionnement rétrospectif* au profit d'un rejet pur et simple de l'ancien, pour que de nouveaux dogmes prennent sa place. [...]

Le nihiliste n'est pas un homme ré-volté [...]: il est de fait un homme réconcilié dans la stabilité de nouvelles valeurs. Et cette stabilité, illusoire, se révèle être mortifère, totalitaire: je n'insisterai jamais assez sur le fait que le totalitarisme est le résultat d'une certaine fixation de la révolte à ce qui est précisément sa trahison, à savoir la suspension du retour rétrospectif, qui équivaut à une suspension de la pensée. Hannah Arendt a brillamment développé cette réflexion. [...]

Nous en sommes là: renoncer à la ré-volte par un repli sur des «anciennes valeurs», ou même des «nouvelles» qui ne se retournent pas sur elles-mêmes, ne se questionnent pas; ou, au contraire, reprendre sans relâche le retour rétrospectif pour le conduire jusqu'aux frontières du représentable, du pensable, du soutenable: jusqu'à la «possession». Frontières, telles que certaines avancées de la culture de notre siècle les ont mises en évidence.

---

56   *Sens et non sens de la révolte. Pouvoirs et limites de la psychanalyse I* (1996), *La Révolte intime. Pouvoirs et limites de la psychanalyse II* (1997), *L'Avenir d'une révolte* (1998).

> Notons bien ceci : la révolte de l'homme moderne n'est pas une reprise pure et simple du lien rétrospectif qui fonde le for intérieur de l'homme chrétien, rasséréné dans sa quête qui s'achève par son retour au *summum esse*. Tout en empruntant le chemin du questionnement rétroactif, l'homme moderne le conduit à une *conflictualité désormais inconciliable* et qui, bien qu'elle ait pu se produire aux marges de l'art ou de la mystique dans l'histoire antérieure, n'a jamais atteint ni le paroxysme ni l'ampleur qu'on lui constate dans la modernité. [...]
>
> Je soutiens que le concept d'homme *ré-volté* distingue l'homme moderne aussi bien de l'homme de la chrétienté, réconcilié face à Dieu (*coram Deo*), que du nihiliste qui est son envers enragé mais symétrique.[57]

La révolte est, on l'aura compris, pensée en mouvement et pensée du mouvement : si, par la double dynamique de l'introspection et du dépassement, Kristeva réinvestit l'espace spirituel laissé vacant par la crise du sentiment religieux – ou sa sclérose du fait de la montée des intégrismes et autres fondamentalismes –, ce n'est nullement pour s'y installer et y fonder d'autres remparts monolithiques et sectaires, mais pour explorer la vie psychique dans tous les sens et non-sens (voies et impasses) de ses révoltes et de ses liens. La psychanalyse révèle que la « position dépressive » est inhérente à la vie psychique et l'exaltation hystérique, un appât pour les spéculations politiques, les dogmatismes religieux et toutes les idéologies prométhéennes exploitant cette vulnérabilité essentielle des êtres désirants qui se cristallise dans leur mélancolie latente et leur quête insatiable d'idéaux et d'illusions. Après Freud, Kristeva se demande comment déconstruire « l'avenir d'une illusion », mais tout en continuant à entretenir le besoin humain – vital – d'illusion ; comment, en somme, traverser l'enthousiasme hystérique pour dénouer et approfondir la capacité à penser – démarche qui emprunte inévitablement la voie du désenchantement et de la confrontation au manque. Ainsi dépasse-t-elle la méfiance scientiste affichée par Freud à l'endroit de la religion réduite au seul état d'illusion en postulant *a contrario* la nécessité des fables – pourvu que l'homme puisse en jouer. C'est là le souci d'une intellectuelle et l'engagement éthique et politique d'une femme *ré-voltée* – sa résistance libertaire, courageuse et stimulante, face à la menace de l'effondrement des valeurs. Là où d'autres capitulent et reconnaissent le triomphe inéluctable – et profitable – de la pulsion de mort, Kristeva s'essaie à répondre à l'inquiétude fondamentale de l'eſprit humain : elle imagine et ouvre des voies, détours et retours inédits pour ressourcer le sens, dégager de nouveaux « eſpaces intérieurs » et, dans cet aventureux voyage, tenter la renaissance, individuelle et collective, des êtres qui s'y risquent.

L'analyse de la psyché humaine et celle de l'élaboration et de la pulvérisation du sens par les arts et les lettres sont, on l'a vu, les chemins privilégiés par Kristeva pour penser la délitescence des repères et ouvrir à ses contemporains des possibilités nouvelles de conjuguer la quête de leur épanouissement intime et leur souci de partage avec une humanité disloquée. Mais d'autres voies l'incitent à des trajectoires à ses yeux tout aussi capitales : l'analyse du sentiment religieux et celle de l'expérience politique, mais aussi l'engagement personnel direct dans la vie de la cité.

L'histoire de la philosophie ayant rendu possible l'étude méthodique des religions, il est désormais possible d'en explorer l'imaginaire, non pour le condamner ou pour minimiser son importance, mais pour le déconstruire et en dévoiler les logiques, les bénéfices aussi bien que les apories – tant dans l'histoire de la subjectivité humaine que dans la culture et la politique contemporaines. Aussi, dans le sillage de Sartre, Kristeva postule-t-elle un athéisme dénué de tout nihilisme qui, par la minutieuse

57   *L'Avenir d'une révolte, op. cit.,* p. 18-21.

analyse de l'aptitude de l'homme à la représentation symbolique – telle qu'elle se manifeste (entre autres) dans les religions –, épuise la transcendance *au cœur même* de l'aspiration humaine à la transcendance. La lecture psychanalytique des discours religieux sur l'âme humaine et son rapport au monde et aux autres – notamment et surtout sous la forme de ces illusions que sont les paraboles – s'impose à cet égard comme un champ d'investigation particulièrement fécond.

Dans *Pouvoirs de l'horreur. Essai sur l'abjection* (1980), Kristeva étudie les divers rites de purification qui marquent les religions des sociétés sans écriture, mais aussi les interdits alimentaires – dans la religion hindouiste aussi bien que dans les textes du *Lévitique*. Elle examine ensuite pas à pas comment la révolution chrétienne déplace l'abjection dans la parole, le symbolique et le lien à l'autre («Ce n'est pas ce qui entre dans la bouche qui profane l'homme; mais ce qui sort de la bouche, voilà ce qui profane l'homme» (Mt, 15, 11)). Répondant à un souci de cohérence individuelle et sociale et à un besoin d'identification des sujets et des objets, le sacré se révèle être une célébration cathartique de la frontière et du passage entre deux structures ou deux identités (dedans/dehors, femme/homme, enfant/mère, etc.) voulues hermétiques et hétérogènes mais constamment menacées d'une contamination réciproque. Or, dans cette quête fantasmatique de pureté, il s'agit d'expulser non pas tant la différence que l'ambiguïté elle-même: face à l'angoisse de l'incertitude identitaire, la négation par l'exclusion de l'ambivalence permet d'ériger les frontières *propres* du groupe ou de la nation – mais également celles du corps (donc du sujet).

De cette étude d'un phénomène religieux spécifique, Kristeva dégage en effet une véritable généalogie de la construction psy-

chique de l'être humain dans et par rapport à son environnement. Ainsi, revenant en 1996 sur «l'archéologie de la pureté»,
elle confirme, dans *Sens et non-sens de la révolte*, que l'aversion pour
la souillure – et la culpabilité qui l'accompagne –, bien loin d'être
seulement des obsessions d'ordre strictement religieux, constituent la vie psychique de chaque individu, notamment lors de
l'élaboration de son identité personnelle séparée de l'objet et de
son accès à la parole symbolique. Or, si cette ambiguïté archaïque
constitutive de l'identité se résorbe généralement sous la pression
du refoulement, il arrive qu'elle remonte à la surface de la psyché :
il se peut alors qu'elle soit sublimée par des créations artistiques,
littéraires ou philosophiques dont certaines peuvent renouveler
radicalement la pensée de l'altérité. Menaçant dangereusement
toutes les idéologies fondées sur la hantise de l'impur, ce retour
de l'ambiguïté peut toutefois susciter les réactions particulièrement violentes de rejet meurtrier et d'ostracisme qui jalonnent
l'histoire des hommes, sans épargner l'époque contemporaine.

Selon une perspective similaire, Kristeva étudie, dans *Histoires d'amour* (1985), la théologie mariale et met à jour comment, à
travers la figure de la «déesse mère», le christianisme a procédé
à une véritable construction et représentation de l'expérience
maternelle, à la croisée de la biologie et du sens. Reconnaissance
de la virginité comme extériorité impensable ; défi à la logique
des commencements, des causes et des effets ; célébration de
l'amour maternel avec ses latences extatiques autant que dolo-
ristes ; récompense de la paranoïa féminine avide de pouvoir et
de souveraineté ; encouragement du lien infraverbal entre mère
et enfant – sur lequel se bâtit l'expérience incestueuse de l'art que
patronne «Marie, mère des arts» : autant de spécificités du culte
marial sur lesquelles s'est bâtie en Occident la subjectivité des

hommes et des femmes, et sans la compréhension desquelles Kristeva considère cette dernière insaisissable.

Kristeva voit en somme dans les religions une reconnaissance de ce que Freud appelle « l'essence supérieure de l'homme », dans laquelle s'inscrit la liberté des êtres. Les religions admettent en effet la capacité proprement humaine à créer du sens – et rendent de ce fait possible l'exercice d'une certaine liberté. S'érigeant en systèmes hiérarchiques et figés de valeurs consolatrices, protectrices et protectionnistes, elles dénient toutefois à cette dynamique intra et extrapsychique son aptitude à l'émancipation par la connaissance ouverte et renouvelable, le prix à payer de cette conquête étant le refoulement sexuel, lui-même amplifié par la menace divine, qui conduit à l'inhibition de la pensée critique – c'est-à-dire de la pensée. Kristeva a toutefois à cœur de réhabiliter la définition originale du sacré léguée par le christianisme à l'Occident, qui a, selon elle, abouti à la valorisation de la singularité et à la notion de droits de l'individu humain. Si l'homme comprend son rapport à la transcendance comme une interrogation de son identité, alors son lien au sacré est incitation à l'approfondissement de ce questionnement rétrospectif incessant et sans résolution possible, lequel, loin de l'enfermer dans un culte du moi, donne sens à son aventure terrestre – un sens jamais définitif, toujours ouvert à la possibilité même de son altération – et l'incite au dépassement de sa singularité dans le lien à l'autre. Kristeva se risque ainsi à une conception du sacré radicalement étrangère à toute forme de dogmatisme religieux, puisqu'elle le définit comme le point de jonction entre deux types d'exigence constitutifs de la subjectivité : les besoins induits par le corps et les pulsions et la nécessité de leur représentation symbolique dans des idéaux et des illusions partageables. De manière particulièrement originale, elle situe donc cette distinction proprement humaine qu'on appelle « le sens du divin » dans l'émergence même de la parole. C'est dire que, bien loin d'appréhender la religion seulement comme une illusion, elle l'interprète comme une *manifestation*, un avatar, en somme, de l'imbrication indéfectible de l'homme et de son désir de transcendance.

À la charnière entre renaissance individuelle et implication du sujet dans le pacte social, la révolte est à la fois expérience politique et pensée du politique, et sa condition est, on l'aura compris, le risque de la liberté. Mais de quelle liberté ? La chute du mur de Berlin a, selon Kristeva, rendu plus lisible la différence entre deux modèles de culture occidentaux, façonnés eux-mêmes par deux conceptions de la liberté théoriquement compatibles mais, aujourd'hui, le plus souvent opposées.

    Kant identifie la liberté à l'initiative du Moi et la définit positivement comme une possibilité d'« autocommencement ». Il ouvre ainsi la voie à une apologie de la subjectivité entreprenante, qu'il ne manque toutefois pas d'assujettir à une cause – divine ou morale. Cette cause contrôle en dernière instance la libre initiative, si bien que tout en restant intouchable, inaccessible au désir de penser, elle s'inscrit malgré tout dans l'enchaînement des causes et des effets qui régit la liberté « entrepreneuriale ». Dans une société de plus en plus dominée par la logique de la globalisation et celle du libéralisme, la liberté ainsi conçue dégénère progressivement en une aptitude d'adaptation à une « cause » toujours plus extérieure au sujet, celle de la concurrence, de la production et du consumérisme. Elle demeure toutefois étayée par les interdits de la raison morale, si bien que cause suprême et cause technique sous-tendent – et limitent – de concert l'exercice des libertés humaines au sein de cette «logique d'instrumentalisation» qui constitue, pour l'être parlant, une redoutable menace de décervelage et de robotisation intensive.

Si Kristeva reconnaît les bénéfices de cette liberté d'adaptation qui culmine dans la «pensée-calcul» et dans la science, elle soutient qu'il existe un autre modèle de liberté. Héritier de la philosophie grecque et de la pensée de Heidegger, il consiste en la libération de l'être parlant à travers la présence du Soi à l'Autre – qui est dévoilement de sa propre altérité au regard d'autrui aussi bien qu'à lui-même. C'est donc, avant toute «Cause», dans l'«Être au monde» et dans l'être de la parole conçue comme immanence du questionnement infini que se déploie cette liberté, et si elle se trouve ultérieurement impliquée dans la suite des causes et des effets et dans leur maîtrise, c'est pour les soumettre à rebours à une interrogation toujours renouvelée. Côtoyant et vivant elle-même quotidiennement ces expériences radicales de partage de l'intime le plus impartageable que sont l'écriture et, d'une autre façon, l'aventure psychanalytique, Kristeva se reconnaît bien sûr dans ce second modèle de liberté, éminemment emblématique de la culture européenne puisqu'il fut le fondement des droits de l'homme et la devise de la Révolution française. Donnant la préséance à l'être dans le respect de son eccéité plutôt qu'aux nécessités du marché, à la solidarité plutôt qu'au libéralisme – sans ignorer pour autant les contraintes de la réalité économique –, cet autre modèle se distingue à ses yeux par son souci de protection de la vie humaine dans sa singularité la plus vulnérable et de reconnaissance de la différence ethnique et sexuelle de chacun.

Kristeva fait le pari que ce modèle humaniste, qui anime son engagement politique depuis la fin des années 1980, inspire les bâtisseurs actuels de l'Europe, dont elle se sent viscéralement solidaire. Au nom d'une éthique prônant l'apprentissage de la désillusion jusqu'à l'irréparable, elle dévoile les limites et les déficiences de l'individu moderne pour y confronter ses contemporains, trop facilement bercés – ou pour mieux dire dangereusement programmés – par le nouveau credo («performance-jouissance-excellence») de la globalisation ambiante. Aussi travaille-t-elle à l'ouverture de nouveaux champs d'investissement du politique qui puissent accueillir celles et ceux qui sont encore trop souvent relégués dans les marges du contrat social et dont sa pratique analytique lui fait quotidiennement côtoyer la douloureuse expérience. Dans *Étrangers à nous-mêmes* (1988), elle parcourt l'histoire des étrangers à travers leur destin réel et leurs représentations en Occident, et imagine une éthique nouvelle de l'accueil, qui ne soit pas intégration – c'est-à-dire dire négation – mais respect et partage des différences. Partisane de la libre expression des femmes et de leur participation effective à la vie démocratique, elle défend fermement le principe de la parité: loin d'être une mesure superficielle et compensatoire, il contribue concrètement et symboliquement au démantèlement de la métaphysique en fondant le corps social non plus sur «un» mais sur «deux», et en réhabilitant ce qui a si longtemps été censuré (c'est-à-dire exclu) au nom du principe universel de la République – qui postule la citoyenneté une et indivisible: le féminin, le sensible, la sexualité, l'inconscient..., l'étrangeté en somme. Dans le même esprit, après avoir adressé sa *Lettre au président de la République sur les citoyens en situation de handicap à l'usage de ceux qui le sont et de ceux qui ne le sont pas* (2003), Kristeva préside à Paris, le 20 mai 2005, les «États généraux du handicap». Elle s'engage ainsi officiellement pour une véritable réécriture du pacte démocratique à l'aune de la reconnaissance des vulnérabilités de chacun et de la chance inestimable que tout individu représente, quelle que soit la nature de ses différences, pour ses concitoyens comme pour l'humanité tout entière.

Au fur et à mesure que j'écris ces lignes, je me prends à espérer que ces efforts pour «sensibiliser, informer, former» pourront changer vraiment les mentalités. Que chacun de nous se glisse dans ses propres rêves, les plus bizarres ou les plus répétitifs. Qu'il remonte ensuite à la surface et écoute ceux qui parlent, marchent, entendent, regardent, agissent alentour, autrement, bizarrement, follement, à faire peur. Des mondes nouveaux s'ouvriront alors à notre écoute, douloureux ou enchantés, ni normaux ni handicapés, éclosions de surprises, des mondes en train de devenir polyphonie, résonances différentes, et cependant compatibles, des mondes enfin rendus à leur pluralité. Ne me dites pas que je rêve ou que c'est de la poésie. Et si c'était la face intime de votre chantier? [58]

58   *Lettre au président de la République sur les citoyens en situation de handicap à l'usage de ceux qui le sont et de ceux qui ne le sont pas*, Fayard, Paris, 2003, quatrième de couverture.

Pour finir en de nouvelles volte-face, ouvrir ce livre sur quelques instantanés du kinétoscope et commencer par le souvenir d'une enfance bulgare, réminiscence polymorphe puisque l'événement qui la suscite fut chaque 24-Mai renouvelé – ce qui explique sans doute le bougé encore sensible du cliché dans la mémoire vive.

Vingt-quatre mai : fête nationale. Célébration officielle et populaire de l'invention de l'alphabet slave par les saints Cyrille et Méthode. Chaque jeune Bulgare participe à la reverdie printanière par sa propre renaissance dans une lettre chaque année nouvelle, portée en bandoulière sur sa poitrine. Ainsi incarnée, assujettie aux va-et-vient aléatoires de son titulaire d'un jour, celle-ci évolue mystérieusement parmi les autres, fière, semble-t-il, d'exhiber sa singularité dans la virtualité infinie de ses liens avec chacune et l'ensemble de ses semblables – pourtant si différentes.

Tel est le destin de la lettre, tel est aussi celui de l'être humain. « Et le Verbe s'est fait chair », fut-il écrit. Décidément, tout un programme...

P.-S. : La photographie prise en 1951 fait un peu exception dans le cortège mémoriel de ces 24-Mai : la jeune Julia Kristeva (dix ans à peine) a l'honneur d'arborer l'écharpe distinctive de « première élève » : non pas une lettre à qui donner corps, mais plusieurs, conjuguées ce jour-là pour la représenter.

JULIA KRISTEVA

Σημειωτικὴ
Recherches
pour
une sémanalyse

ESSAIS

Collection "Tel Quel"

AUX ÉDITIONS DU SEUIL

6

24 juin 1989

Il n'y a plus d'histoires d'amour. Pourtant, les femmes les désirent, et les hommes aussi quand ils n'ont pas honte d'être tendres et tristes comme des femmes. Ils sont tous pressés de gagner et de mourir. Ils font des enfants pour survivre, ou bien quand ils s'oublient en se parlant comme sans se parler, pendant le plaisir ou sans plaisir.

Ils prennent des avions, des R.E.R., des T.G.V., des navettes. Ils n'ont pas le temps de regarder cet acacia rose qui tend ses branches vers les nuages coupés de soie bleue ensoleillée, frémit de ses feuilles minuscules et diffuse un parfum léger transformé en miel par les abeilles.

Olga se sent désormais chez elle sous l'ombre odorante à peine visible. L'arbre existe depuis plus de vingt ans déjà, depuis qu'elle est dans ce pays, ce qui veut dire qu'en un sens elle a son âge, ou plus exactement son amour a le même âge que l'acacia. Hervé est là aussi, dans le hamac sous les pins parasols, il écoute le Quatuor n° 50 de Haydn : triolets, rythme de valse accéléré, rapidité unie et lucide comme lui et l'Océan face à lui.

② Personne ne connaissait son vrai nom. Il s'était choisi un pseudonyme, qu'il réussissait à faire figurer sur ses papiers d'identité : Septicius Clarus. Mais ce nom dégageait une prétention patricienne ou du moins équestre gênante pour les interlocuteurs et qui n'était pas dans les intentions de (si n'intéressait pas)

Vieux homme, fidèles élèves, comme Albo ou Stéphanie, voulaient bien lui donner en privé, du titre de scholasticus comme il le souhaitait, mais tout le monde l'appelait couramment le Professeur. Septicius Clarus, alias scholasticus, alias le Professeur, alias le vieil homme accumulait des pseudonymes pour garder introuvable on ne sait quelle énigme que venait éparsir maintenant l'entrée des loups de Santa Barbara. la A moins que cette invasion ne fût la révélation d'un secret commun à lui, jusque là soigneusement protégé. tous ses habitants mais

— C'est votre ulcère, Professeur, le
duodenum, Vespasien vous l'a bien dit,
souriait alba, filiale et incrédule..

— Je veux bien, *mon petit*, mais c'est des loups
qui l'ont apporté, ce duodenum, tu
sais bien que je ne l'avais pas avant. Et
peux-tu me dire pourquoi il se réveille, ce
sacré duo, aux mêmes heures que les loups,
Vespasien, Vespasien... Ce docteur a quelque
chose de louche, il change d'ailleurs,
il n'a plus les mêmes yeux, ses yeux ne
regardent pas, ils ont terni, des yeux
de bête...

— Allons, allons...

— *tu te souviens de*
— Chrysippe ? Il a bien existé, Chrysippe ! Plus de trace, personne ne s'en
souvient ! Qui *sait aujourd'hui*
de Chrysippe ? change-t-on mon heure ?
qu'il y a eu quelqu'un du nom ? Alors qu'on a vécu
ensemble.., Tu l'as bien connu, Chrysippe, ?

mo
— Et j'ai ~~vois~~ *vu qu'ils* l'ont emmené, ils
l'ont d'offre, *cette nuit* où ils sont descendus
en meute... *Tu m'en veux ?*

comme
— Il était ~~un~~ un chat vagabond, Chrysippe,
il va revenir un de ces jours,
qu'elle ne disait
Alba était ~~moins sûre~~ justement, ce
matin, elle venait de trouver Épictète, haut
dans le jardin, des tous de crocs au cou,
deux traînées de sang caillé sur son pelage
angora. Elle n'allait quand même pas

Julia
Kristeva

Le
vieil homme
et les loups

roman

Fayard

Julia Kristeva

Les nouvelles
maladies de l'âme

■Fayard

JULIA KRISTEVA

LE TEMPS
SENSIBLE

Proust et l'expérience littéraire

nrf essais
GALLIMARD

Julia Kristeva

Sens
et non-sens
de la révolte

Pouvoirs et limites de la psychanalyse I

■ Fayard

Julia Kristeva

La révolte
intime

Pouvoirs et limites de la psychanalyse II

■ Fayard

JULIA
KRISTEVA

L'avenir
d'une révolte

CALMANN-LÉVY

Julia Kristeva

Le génie féminin

Tome premier
Hannah Arendt

Fayard

Julia Kristeva

Le génie féminin

Tome II
Melanie Klein

Fayard

Julia Kristeva

Le génie féminin

Tome III
Colette

Fayard

Julia Kristeva

*Lettre
au président de la République
sur
les citoyens en situation
de
handicap,*

à l'usage de ceux qui le sont
et de ceux qui ne le sont pas

Fayard

Sebastian Chrest-Jones, historien des migrations à Santa-Barbara, disparaît mystérieusement de son domicile et de son labo. Est-il sur les traces d'un ancêtre présumé, parti en 1045 de Vézelay ou du Puy-en-Velay avec la Première Croisade, traversant au XIe siècle ce que l'historien moderne croit être déjà l'Europe ? S'est-il égaré à Byzance ?

Pendant ce temps, Santa-Barbara – lieu imaginaire, à moins que ce ne soit n'importe lequel des villages planétaires – est en pleine crise : sectes, mafias, manipulations en tous genres, sans parler d'un *serial killer* qui sévit dans la ville et signe ses forfaits d'un mystérieux emblème ésotérique ressemblant au chiffre 8. Le commissaire principal Northrop Rilsky, dont les lecteurs de Julia Kristeva ont déjà fait connaissance, est chargé de l'enquête, aidé pour ce faire par Stéphanie Delacour, journaliste à l'*Événement de Paris*. Il s'efforce de ne pas y perdre complètement son latin et de démêler le double écheveau de cette intrigue : l'histoire de Sebastian, hanté par la figure emblématique d'Anne Comnène – née en 1083, à ses yeux la première intellectuelle de l'Histoire – et l'obscur destin du tueur en série : le purificateur, l'homme secret, étranger parmi les étrangers.

Un roman des origines qui permet à Julia Kristeva, pour la première fois, de dévoiler les siennes (bulgares). Tour à tour thriller historique, peinture ironique de nos sociétés modernes, *Meurtre à Byzance* raconte le destin controversé des migrants, la douleur des étrangers, les guerres qui dressent aujourd'hui encore les uns contre les autres de nouveaux Croisés, avec des clins d'œil sur l'actualité mondiale et parisienne, le terrorisme, une Europe inconnue, la religion et la politique, au présent et au passé.

Julia Kristeva a publié aux éditions Fayard *Étrangers à nous-mêmes*, *Les Nouvelles Maladies de l'âme*, *Sens et non-sens de la révolte*, *La Révolte intime* t.I et II, *Le Génie féminin*, t.I *Hannah Arendt*, t. II *Melanie Klein*, t.III *Colette*, ainsi que trois romans : *Les Samouraïs*, *Le Vieil Homme et les loups*, *Possessions*.

19

Pour finir, ma pensée revient nécessairement à Holberg. Lecteur de Voltaire et de Montesquieu, homme modéré et cependant radical, qui fustigeait les fanatismes et qui, à l'enthousiasme religieux préférait le rire. Il a écrit plusieurs comédies ainsi qu'une *Histoire du Royaume de Danemark et de Norvège*, une *Histoire universelle de l'Église*, une *Histoire des Juifs*, une *Histoire des femmes* (on le considère comme le «premier féministe scandinave»). Ce voyage entre les «genres» et les «disciplines» trouvait cependant une unité polyphonique, intertextuelle, une unité d'homme orchestre, dans la seule écriture de fiction. Comment ne pas me reconnaître en lui!

Son roman philosophique, *Le Voyage souterrain de Niels Klim* mêle la satire politique et l'utopie, si bien que la satire s'évanouit dans le fantastique, que les facéties l'emportent sur le message moral, et que nous lisons ce roman aujourd'hui comme une apologie du pur imaginaire. Bien qu'Holberg se soit décrit plutôt comme un ascète, passablement hypocondriaque et cependant comique, le premier à l'apprécier après sa mort fut Giovanni Giacomo Casanova, dans la préface de sa propre utopie souterraine, *L'Icosameron* (1788) : «Platon, Érasme, le chancelier Bacon, Thomas More, Campanella et Niels Klim sont ceux qui me firent envie de publier cette histoire ou ce roman.»

Plus de deux siècles après, je salue donc Ludvig Holberg qui a soufflé au jury l'idée de faire de moi la première lauréate du prestigieux prix qui porte son nom. C'est grâce à lui que nous sommes réunis aujourd'hui. Je vous remercie de votre patience et de votre amitié, dont j'ai senti la si concrète proximité tout au long de cette journée. Acceptez tous ma profonde gratitude.

Julia KRISTEVA

1941—Le 24 juin, naissance de Julia Kristeva à Sliven, en Bulgarie, de Stoyan et Christine Kristev.

1963—Diplômée de philologie romane de l'université de Sofia, Bulgarie.

1964—Préparation d'un doctorat de littérature comparée à l'Académie des sciences de Sofia.

1965—Bourse d'études dans le cadre des accords franco-bulgares. Arrivée à Paris à Noël.

1967—Mariage avec Philippe Sollers.

1968—Doctorat de 3e cycle en littérature française (sémiologie), «Le texte du roman. Analyse sémiologique d'une structure discursive transformationnelle», sous la direction de L. Goldman (avec R. Barthes et J. Dubois), mention «Très bien» avec félicitations.

—Secrétaire générale de l'Association internationale de sémiologie, membre du comité de rédaction de son organe, la revue *Semiotica*.

1972—Chargée de cours en linguistique et sémiologie à l'UFR de lettres «Sciences des textes et documents», université Paris 7 Denis-Diderot.

1973—Doctorat d'État ès lettres: «La révolution du langage poétique. L'avant-garde à la fin du XIXe siècle: Mallarmé et Lautréamont», direction J.-C. Chevalier (avec R. Barthes, P. Albouy et H. Lefèvre), mention «Très bien» avec félicitations.

DE 1967 À 1973 —Attachée, puis chargée de recherche au CNRS en linguistique et littérature française, au Laboratoire d'anthropologie sociale, au Collège de France et à l'École des hautes études en sciences sociales (EHESS).

DEPUIS 1973 —Professeur de linguistique attachée à l'UFR de lettres « Sciences des textes et documents», université Paris 7 Denis-Diderot.

1974—Élue «Permanent Visiting Professor» au Département de littérature française de Columbia University, New York.

1975—Naissance de David.

1987—Membre affilié de la Société psychanalytique de Paris (SPP) et de l'Association internationale de psychanalyse (IPA).

1992—Le 1er octobre, est nommée directeur de l'école doctorale «Langues, littératures et civilisations – recherches transculturelles – monde anglophone, monde francophone», regroupant les UFR de sciences des textes et documents et d'études anglophones, à l'université Paris 7 Denis-Diderot.

—«Permanent Visiting Professor» au Département de littérature comparée de l'université de Toronto, Canada.

—Membre adhérent de la SPP et de l'IPA.

1997—Membre titulaire de la SPP et de l'IPA.

2000—Initiative de la fondation de l'Institut Roland-Barthes et d'un Institut de la pensée contemporaine avec Dominique Lecourt, Pierre Fédida et François Jullien.

—Membre de l'Institut universitaire de France.

2003—Membre du Conseil économique et social (section des Relations extérieures).

2004—Prix Holberg, Bergen, Norvège.

DE 1995 à 2003—Nommée docteur *Honoris Causa* de la Western Ontario University (Canada), de Victoria University-University of Toronto, d'Harvard University (Boston), de l'Université libre de Belgique, de l'université de Bayreuth, de l'université de Toronto, de l'université de Sofia et de New School University (New York).

BIBLIOGRAPHIE

- *Sémèiôtikè, Recherche pour une sémanalyse*
  Éditions du Seuil, coll. «Tel quel» Paris, 1969, 381 p.
  rééd. 1995
  ISBN 2-02-001950-7
  rééd. coll. «Point Essais» n°96, 1978, 318 p.
  ISBN 2-02-005009-9
  Traductions et éditions au Brésil, en Chine, en Corée, en Espagne (castillan), aux États-Unis, en Italie et au Japon.

- *Le Langage, cet inconnu. Une initiation à la linguistique*
  Le Point de la question, Paris, 1970, 320 p.
  rééd. Éditions du Seuil, coll. «Point Essais» n°125, Paris, 1981, 327 p.
  ISBN 2-02-005774-3
  Traductions et éditions en Corée, en Espagne (castillan), aux États-Unis et en Italie.

- *Le Texte du roman*
  Mouton, coll. «Approaches to semiotics» n°6, La Haye/Paris/New York, 1971, 209 p.
  Traductions et éditions aux Pays-Bas.

- *La Révolution du langage poétique. L'avant-garde à la fin du XIXᵉ siècle : Lautréamont et Mallarmé*
  Éditions du Seuil, coll. «Tel quel», Paris, 1974, 645 p.
  rééd. coll. «Point Essais» n°174, 1985, 633 p.
  ISBN 2-02-008613-1
  Traductions et éditions en Allemagne, en Corée, aux États-Unis, en Italie, au Japon et en Suède.

- *Des Chinoises*
  Éditions Des femmes, Paris, 1974, 228 p.
  ISBN 2-7210-0011-X
  Nouvelle éd. Pauvert, Paris, 2001, 313 p.
  ISBN 2-270-21423-X
  Traductions et éditions au Royaume-Uni.

- *La Traversée des signes*
  (collectif), séminaire, Éditions du Seuil, coll. «Tel quel», Paris, 1975, 265 p.
  Traductions et éditions au Japon et en Yougoslavie.

- *Polylogue*
  Éditions du Seuil, coll. «Tel quel», Paris, 1977, 537 p.
  ISBN 2-02-004631-8
  rééd. 1991.
  Traductions et éditions en Corée, aux États-Unis, en Italie, au Japon, en Suède et en Ukraine.

- *Folle Vérité, vérité et vraisemblance du texte psychotique*
  (collectif), Éditions du Seuil, coll. «Tel quel», Paris, 1979, 307 p.
  ISBN 2-02-005134-6
  Traductions et éditions en Corée, aux États-Unis et en Grande-Bretagne.

- *Pouvoirs de l'horreur. Essai sur l'abjection*
  Éditions du Seuil, coll. «Tel quel», Paris, 1980, 247 p.
  ISBN 2-02-0055539-2
  rééd. coll. «Point Essais» n°152, 1983, 247 p.
  ISBN 2-02-006603-3
  Traductions et éditions en Allemagne, en Chine, en Corée, en Espagne (castillan), en Estonie, aux États-Unis, en Italie, au Japon, en Suède, à Taiwan et en Ukraine.

- *Histoires d'amour*
  Denoël, coll. «L'infini», Paris, 1983, 358 p.
  ISBN 2-207-22950-5
  rééd. Gallimard, coll. «Folio Essais» n°24, Paris, 1985, 476 p.
  ISBN 2-07-032323-4
  Traductions et éditions aux États-Unis.

- *Au commencement était l'amour. Psychanalyse et foi*
  Hachette, coll. «Textes du XXᵉ siècle», Paris, 1985, 89 p.
  ISBN 2-01-011241-5
  Nouvelle éd. augmentée de «À propos de l'athéisme de Sartre», LGF, coll. «Le livre de poche», Paris, 1997, 125 p.
  ISBN 2-253-94253-7
  Traductions et éditions aux États-Unis et en Italie.

- *Soleil noir. Dépression et mélancolie*
  Gallimard, Paris, 1987, 264 p.
  ISBN 2-07-070919-1
  rééd. coll. «Folio Essais» n°123, 1989, 264 p.
  ISBN 2-07-032515-6
  Traductions et éditions aux États-Unis et en Israël.

- *Étrangers à nous-mêmes*
  Fayard, Paris, 1988, 293 p.
  ISBN 2-213-02177-5
  rééd. Gallimard, coll. «Folio Essais» n°156, Paris, 1991, 293 p.
  ISBN 2-07-032618-7
  Traductions et éditions en Allemagne, en Corée, aux États-Unis, en Finlande, au Portugal, en Russie et en Turquie.

- *Les Samouraïs*
  roman, Fayard, Paris, 1990, 460 p.
  ISBN 2-213-02492-8
  rééd. Gallimard, coll. «Folio» n°2351, Paris, 1992, 460 p.
  ISBN 2-07-038472-1
  Traductions et éditions aux États-Unis, en Grèce et en Roumanie.

- *Lettre ouverte à Harlem Désir*
  Rivage, Paris, 1990, 85 p.
  ISBN 2-86930-379-3
  Contient «La Nation et le verbe» et «À propos des Samouraïs»

- *Le Vieil Homme et les Loups*
  roman, Fayard, Paris, 1991, 269 p.
  ISBN 2-213-022762-5
  rééd. LGF, coll. «Le livre de poche», Paris, 1996, 187 p.
  ISBN 2-25313982-3
  Traductions et éditions en Bulgarie, aux États-Unis et au Portugal.

· Les Nouvelles Maladies de l'âme
  Fayard, Paris, 1993, 351 p.
  ISBN 2-213-02961-X
  rééd. LGF coll. «Le Livre de poche», Paris, 1997, 284 p.
  ISBN 2-253-94242-1
  Traductions et éditions en Allemagne, au Brésil, en Bulgarie,
  en Espagne (castillan), aux États-Unis, en Grèce, en Italie
  et au Portugal.

· Le Temps sensible. Proust et l'expérience littéraire
  Gallimard, coll. «NRF essais», Paris, 1994, 455 p.
  ISBN 2-07-073116-2
  rééd. coll. «Folio Essais» n°355, 2000, 629 p.
  ISBN 2-07-041209-1
  Traductions et éditions en Amérique latine et aux États-Unis.

· Possessions
  roman, Fayard, Paris, 1996, 278 p.
  ISBN 2-213-59678-6
  rééd. LGF, coll. «Le livre de poche», Paris, 2000, 252 p.
  ISBN 2-253-14973-X
  Traductions et éditions en Bulgarie, en Corée, aux États-Unis,
  en Grèce, en Italie en Lituanie et au Portugal.

· Sens et non-sens de la révolte. Pouvoirs et limites de la psychanalyse I
  Fayard, Paris, 1996, 501 p.
  ISBN 2-213-59558-5
  rééd. LGF, coll. «Le livre de poche», Paris, 1999, 379 p.
  ISBN 2-253-94277-4
Traductions et éditions aux États-Unis et en Lituanie.

· La Révolte intime: discours direct. Pouvoirs
  et limites de la psychanalyse II
  Fayard, Paris, 1997, 454 p.
  ISBN 2-213-59559-3
  rééd. LGF, coll. «Le livre de poche» n°4294, Paris,
  2000, 382 p.
  ISBN 2-253-94294-4
  Traductions et éditions aux États-Unis et au Portugal.

· Contre la dépression nationale. Conversation avec Philippe Petit
  Textuel, coll. «Conversation pour demain»,
  Paris, 1997, 118 p.
  ISBN 2-909317-51-X

· L'Avenir d'une révolte
  Calmann-Lévy, coll. «Petite bibliothèque des idées»,
  Paris, 1998, 109 p.
  ISBN 2-7021-2845-9

· Visions capitales
  Réunion des musées nationaux, Paris, 1998, 190 p.
  ISBN 2-7118-3668-1

· Le Féminin et le Sacré
  (avec Catherine Clément), Stock, Paris, 1998, 301 p.
  ISBN 2-234-04897-4
  Traductions et éditions en Allemagne, au Brésil, en Corée,
  en Espagne (castillan), aux États-Unis, en Grèce, au Japon,
  en Roumanie, en Serbie et en Turquie.

· Le Génie féminin tome I: Hannah Arendt
  Fayard, Paris, 1999, 408 p.
  ISBN 2-213-60388-X
  rééd. Gallimard, coll. «Folio Essais» n°432, Paris,
  2003, 412 p.
  ISBN 2-07-042738-2
  Traductions et éditions en Allemagne, en Corée, en Espagne
  (castillan), aux États-Unis, au Japon, au Portugal,
  en Roumanie et en Turquie.

· Le Génie féminin tome II: Melanie Klein
  Fayard, Paris, 2000, 446 p.
  ISBN 2-213-60593-9
  rééd. Gallimard, coll. «Folio Essais», Paris, 2003, 446 p.
  ISBN 2-07-042739-0
  Traductions et éditions en en Allemagne, au Brésil,
  en Espagne (castillan), aux États-Unis, au Portugal,
  en Roumanie et en Turquie.

· Au risque de la pensée
  (entretiens réalisés et préfacés par Marie-Christine Navarro,
  «À voix nue», février 1998, «Le bon plaisir de Julia Kristeva»,
  décembre 1988), France culture/L'Aube, coll. «Intervention»,
  Paris/La Tour-d'Aigues, 2001, 129 p.
  ISBN 2-87678-652-4

· Micropolitique
  (chroniques diffusées sur France Culture chaque semaine
  en 2000-2001), Radio France/L'Aube, coll. «Intervention»,
  Paris/La Tour-d'Aigues, 2001, 189 p.
  ISBN 2-87678-683-4

· Le Génie féminin tome III: Colette
  Fayard, Paris, 2002, 621 p.
  ISBN 2-213-60771-0
  rééd. Gallimard, coll. «Folio Essais», Paris, 2004, 618 p.
  ISBN 2-07-042740-4
  Traductions et éditions en Allemagne, aux États-Unis
  et en Turquie.

· Lettre au président de la République sur les citoyens
  en situation de handicap, à l'usage de ceux qui le sont
  et de ceux qui ne le sont pas
  Fayard, Paris, 2003, 95 p.
  ISBN 2-213-61608-6

· Meurtre à Byzance
  Fayard, Paris, 2004, 371 p.
  ISBN 2-213-61631-0

· La Haine et le Pardon. Pouvoirs et limites de la psychanalyse III
  Fayard, Paris, 2005, 712 p.
  ISBN 2-213-62520-4

· L'Amour de soi et ses avatars. Démesure et limites de la sublimation
  Éditions Pleins Feux, coll. «Auteurs en questions», Nantes,
  2005, 43 p.
  ISBN 2-84729-008-7

De nombreux articles sont parus dans Langages, Langues françaises,
Critique, Tel quel, L'Infini, la Revue française de psychanalyse,
Partisan Rewiew, Critical Inquiry et autres revues françaises
et étrangères.

OUVRAGES TRADUITS ET PUBLIÉS EN LANGUE ANGLAISE

Chez Columbia University Press, New York

· *Desire in Language: A Semiotic Approach to Literature and Art*
      trad. Thomas Gora et Alice Jardine, éd. Léon S. Roudiez,
      1980, 305 p.
            ISBN 0231048068

· *Revolution in Poetic Language*
      trad. Margaret Waller, 1985, 271 p.
            ISBN 0231056435

· *Powers of Horror: An Essay on Abjection*
      trad. Léon S. Roudiez, 1982, 219 p.
            ISBN 0231053460

· *Tales of Love*
      trad. Léon S. Roudiez, 1987, 414 p.
            ISBN 0231060246

· *In the Beginning Was Love: Psychoanalysis and Faith*
      trad. Arthur Goldhammer, 1988, 63 p.
            ISBN 0231065167

· *Language: The Unknown. An initiation into Linguistics*
      trad. Anne M. Menke, 1989, 366 p.
            ISBN 0231061064

· *Black Sun: Depression and Melancholia*
      trad. Léon S. Roudiez, 1989, 300 p.
            ISBN 0231067062

· *Strangers to Ourselves*
      trad. Léon S. Roudiez, 1991, 320 p.
            ISBN 0231071566

· *Shifting Scenes: Interviews on Women, Writing, and Politics
   in Post-68 France*
      Alice A. Jardine et Anne M. Menke (éd.), 1991, 222 p.
            ISBN 0231067720
      (Julia Kristeva est l'un des auteurs).

· *The Samurai*
      trad. Barbara Bray, 1992, 341 p.
            ISBN 0231075421

· *Nations Without Nationalism*
      trad. Léon S. Roudiez, 1993, 108 p.
            ISBN 0231081049
      (extraits de *Lettre ouverte à Harlem Désir*)

· *The Old Man and The Wolves*
      trad. Barbara Bray, 1993, 182 p.
            ISBN 0231080204

· *Proust and the Sense of Time*
      trad. Stephen Bann, 1993, 103 p.
            ISBN 0231084781

· *New Maladies of the Soul*
      trad. Ross Guberman, 1995, 242 p.
            ISBN 0231099827

· *Time and Sense. Proust and the Experience of Literature*
      trad. Ross Guberman, 1996, 407 p.
            ISBN 023110250X

· *Possessions*
      trad. Barbara Bray, 1998, 211 p.
            ISBN 0231109989

· *The Sense and Non-Sense of Revolt; The Power and Limits
   of Psychoanalysis*
      trad. Jeanine Herman, 2000, 243 p.
            ISBN 0231109962

· *The Feminine and the Sacred*
      trad. Jane M. Todd, 2001, 190 p.
            ISBN 0231115792

· *Hannah Arendt*
      trad. Ross Guberman, 2001, 291 p.
            ISBN 0231121024

· *Melanie Klein*
      trad. Ross Guberman, 2001, 296p.
            ISBN 0231122845

· *Intimate Revolt: The Power and Limits of Psychoanalysis*
      trad. Jeanine Herman, 2002
            ISBN 0231114141

· *Colette*
      trad. Jane M. Todd, 2004, 521 p.
            ISBN 0231128967

Chez d'autres éditeurs

· *About Chinese Women*
      trad. Anita Barrows, Marion Boyars, London, 1986, 201 p.
            ISBN 0714525227

· *Hannah Arendt. Life is a narrative*
      trad. Franck Collins, University of Toronto Press,
      Toronto, 100 p.
            ISBN 0802035213

· *Crisis of the European Subject*
      trad. Susan Fairfield, préf. Samir Dayal, Other Press,
      New York, 183 p.
            ISBN 1892746476

OUVRAGES CONSACRÉS À JULIA KRISTEVA:

• *Julia Kristeva, Prix Holberg 2004*
Fayard, Paris, 2005, 162 p.
ISBN 2-213-62741-X

• GUBERMAN ROSS (éd.)
Julia Kristeva Interviews
Columbia University Press, New York, 1996, 292 p.
ISBN 0231104871

• LECHTE JOHN
Julia Kristeva
Routledge, coll. «Critique of the 20th century»,
Londres/New York, 1990, 230 p.
ISBN 0415008344

• MOI TORI (éd.)
The Kristeva Reader
Columbia University Press, New York, 1986, 327 p.
ISBN 0231063253

• OLIVER KELLY
Ethics, Politics and Difference in Julia Kristeva's Writing
Routledge, Londres/New York, 1993, 288 p.
ISBN 0415907047

• OLIVER KELLY
Reading Kristeva: Unravelling the Doublebind
Indiana University Press, Bloomington, 1993, 218 p.
ISBN 0253207614

• OLIVER KELLY (éd.)
The Portable Kristeva
Columbia University Press, New York, 1997, 410 p.
ISBN 0231105045
Nouvelle éd., 2002
ISBN 023112628X

DE TRÈS NOMBREUX ARTICLES CONSACRÉS À JULIA KRISTEVA
ONT ÉTÉ PUBLIÉS EN FRANCE ET À L'ÉTRANGER.

POUR UNE BIBLIOGRAPHIE COMPLÈTE, SE REPORTER À:

• O'GRADY KATHLEEN et KRISTEVA JULIA
Julia Kristeva: A Bibliography of Primary and Secondary Sources in French and English. 1966-1996
Philosophy Documentation Center, Bowling Green State
University, Bowling Green, 1997, 110 p.
ISBN 0912632682

• NORDQUIST JOAN
Julia Kristeva. A Bibliography
Reference and Research Services, coll. «Social Theory:
A Bibliographic Series» n°34, Santa Cruz, 1989.

• NORDQUIST JOAN
Julia Kristeva. A Bibliography
Reference and Research Services, coll. «Social Theory:
A Bibliographic Series» n°39, Santa Cruz, 1995, 76 p.
ISBN 0937855774

• VOLAT-SHAPIRO HÉLÈNE
Julia Kristeva. A Bibliography of her writings
Bulletin of Bibliography. Vol. 45, n°1, Westwood,
mars 1980, p. 51-62.
ISSN 0190-745X

• VOLAT HÉLÈNE
«Julia Kristeva: selected bibliography» in *Review of Existential Psychology and Psychiatry*, 23, 1-3, Seattle, 1990-1991,
p. 13-216.

Ce livre est dessiné par §pMillot, Paris,
fabriqué par Cent pages
et imprimé à 12 500 exemplaires
en mars 2006.

Il est édité par l'**adpf** association
pour la diffusion de la pensée française●
opérateur du Livre et de l'Écrit
du ministère des Affaires étrangères.

Chef de la Division de l'écrit
et des médiathèques
Ministère des Affaires étrangères
Yves Mabin

Association pour la diffusion
de la pensée française
Directeur
Jean de Collongue
Directeur des éditions
Paul de Sinety

adpf-publications
Responsables d'édition
Bérénice Guidat
Nicolas Peccoud
Iconographe
Laurence Geslin
Administration
Catherine Grillot

Auteurs

La collection «Auteurs»
présente des écrivains
majeurs de la pensée française
contemporaine. Ces ouvrages
sont envoyés à tous
les établissements culturels
français à l'étranger qui
en assurent la diffusion
auprès de leurs partenaires.

	Balzac
Samuel	Beckett
	Berlioz écrivain
Georges	Bernanos
Yves	Bonnefoy
	Chateaubriand
Paul	Claudel
Gilles	Deleuze
Jacques	Derrida
Assia	Djebar
Jean	Echenoz
Romain	Gary
Édouard	Glissant
Julien	Gracq
	Hugo
	Lévi-Strauss
Stéphane	Mallarmé
Maurice	Merleau-Ponty
Henri	Michaux
	Oulipo
Marcel	Proust
Paul	Ricœur
Arthur	Rimbaud
	Saint-John Perse
George	Sand
Nathalie	Sarraute
Jean-Paul	Sartre
Léopold	Sédar Senghor
Claude	Simon
Jules	Verne

Débats d'idées

200 ans de Code civil
Biodiversité et changements globaux
La France de la technologie
Johannesburg 2002. Sommet mondial du développement durable
Nourrir 9 milliards d'hommes
Transcriptions d'architectures

Livres français

Architecture en France
Cinéma français. 1895-2005
Cinq Siècles de mathématiques en France
Couvrir le monde. Un grand XXᵉ siècle de géographie française
Des poètes français contemporains
Écrivains voyageurs
L'Essai
Histoire et historiens en France depuis 1945
La Nouvelle française contemporaine
Le Roman français contemporain
Sport et Littérature
Le Théâtre français contemporain

France – Arabies
France – Brésil
France – Chine
France – Grande-Bretagne
France – Russie
La France et l'Olympisme
Mondes francophones. Auteurs et livres de langue française
Le Tour en toutes lettres